汉译世界学术名著丛书

文字起源

〔美〕丹尼丝·施曼特-贝瑟拉 著

王乐洋 译

Abridged edition of *Before Writing, Volume I : From Counting to Cuneiform*

Copyright © 1992, 1996 by the University of Texas Press

All rights resereved

Printed in the United Stated of America

Second paperback printing, abridged edition, 2006

Requests for permission to reproduce material from this work should be sent to:

Permissions

University of Texas Press

P. O. Box 7819

Austin, TX 78713-7819

www.utexas.edu/utpress/about/bpermission.html

♾ The paper used in this book meets the minimum requirements of ANSI/NISO Z39.48-1992 (R1997) (Permanence of Paper).

汉译世界学术名著丛书
出 版 说 明

我馆历来重视移译世界各国学术名著。从20世纪50年代起，更致力于翻译出版马克思主义诞生以前的古典学术著作，同时适当介绍当代具有定评的各派代表作品。我们确信只有用人类创造的全部知识财富来丰富自己的头脑，才能够建成现代化的社会主义社会。这些书籍所蕴藏的思想财富和学术价值，为学人所熟悉，毋需赘述。这些译本过去以单行本印行，难见系统，汇编为丛书，才能相得益彰，蔚为大观，既便于研读查考，又利于文化积累。为此，我们从1981年着手分辑刊行，至2020年已先后分十八辑印行名著800种。现继续编印第十九辑，到2021年出版至850种。今后在积累单本著作的基础上仍将陆续以名著版印行。希望海内外读书界、著译界给我们批评、建议，帮助我们把这套丛书出得更好。

商务印书馆编辑部
2020年7月

他们给我们带来了无限的快乐,
献给我们的三个孙辈:尼古劳斯
      丹妮尔
      迈克尔

前　言

　　1992年，德克萨斯大学出版社出版了《文字之前》，本书是它的删节本。《文字之前》包括两卷——《卷一：从计数到楔形文字》和《卷二：近东陶筹目录》——主要供专家们参考。出版删节本的目的是想给大众读者提供一本既不太繁杂，又能获得知识的书。除了编排的变化、些微的更正以及参考书目的更新之外，本书未做其他改动。

　　《文字起源》以普通大众为目标读者群，对近东陶筹进行了全面的研究。本书以伊朗、伊拉克、雷凡特和土耳其等地116处遗址的8000多个标本为基础，对它们进行了分析和阐释，由此记录下了世界上第一个书写系统——楔形文字系统的直系前身。本书收集的素材来自于15个国家的30个博物馆，年代在公元前8000年至公元前3000年之间，大部分未曾出版，本书进行的是第一手研究。除此之外，本书还包括我对200个用来存放陶筹的封球和240块压印泥版的系统研究。这两类器物阐释了陶筹转化为文字的主要步骤。

　　早期考古发掘缺乏陶筹的详细地层记录。即便如此，本书展示的大量器物也能准确地描绘出算筹的类型、亚型以及它们的地理和年代分布、不同时期的演变和从陶筹到文字的转化过程。本书包括三部分：

第一部分：证据

前两章是考古证据。第一章描述了算筹，包括它们的形状、标记、制作和从"朴素"陶筹到"复杂"陶筹的演变。第二章阐明了陶筹使用的背景情况：使用陶筹的聚居区的类型、陶筹在聚居区内的空间分布、建筑和相关器物。另外，还特别关注了在坟墓中发现的稀有陶筹。

第三章描述了公元前 4 千纪把陶筹存储为档案的方式——特别是封球，包括封球的发现、数量、地理分布、年代、背景情况、封球中存放的陶筹、封球表面的标记，以及它们在陶筹到文字的转化过程中所起的作用。

第四章主要描述了压印泥版，包括它们的发现史、数量、地理分布、年代、背景情况、所记录的文献和符号，以及它们对文字的作用。

第二部分：阐释

最后三章分析了陶筹在信息交流方式的演变、社会结构和认知技能中的作用。这些阐释均为假说，当将来有更多、更确凿的数据时，毫无疑问，某些结论必须要进行修正。

在第五章中，陶筹被阐释成记录保存发展过程中的第二步，第一步则是旧石器时代的计数器。陶筹是第一个记录经济数据的编码方式，它们为文字的发明提供了直接的背景知识。

第六章说明了经济是如何决定陶筹系统的，以及算筹对社会的反作用。

第七章讨论了计数方式的演变，以及它们在文字发明过程中的作用。陶筹是一种"具象计数"的原始形式，而文字发源于抽象计数。

在结论部分，我总结了陶筹在信息交流、数学、经济、社会结构和认知技能等方面提供的有关史前近东文化的丰富信息。

第三部分：史前古器物

第三部分的图表列出了陶筹的 16 种类型和亚型的图片。如需了解更多信息，读者们可参看《文字之前　卷二：近东陶筹目录》中有关陶筹的完整列表和图片记录。

目　录

前　言 ··· v

引言：陶筹，新的理论 ··· 1
    神话 ·· 2
    象形文字理论 ··· 7
    陶筹 ·· 12

第一部分　证据

第一章　什么是陶筹？ ··· 25
    类型和亚型 ·· 26
    由朴素演变到复杂 ·· 26
    材质 ·· 29
    制作 ·· 29
    研究中的陶筹集合 ·· 32
第二章　哪里使用陶筹，谁使用它们 ····························· 42
    聚居区的类型 ·· 42
    聚居区的内部分布 ·· 43
    建筑物 ·· 45

陶筹堆 ··· 48
陶筹容器 ··· 49
相关器物 ··· 49
作为陪葬品的陶筹 ···································· 52

第三章 陶筹串和封球 ··································· 58
陶筹串 ··· 59
封球 ··· 63

第四章 压印泥版 ··· 83
数量 ··· 84
背景情况 ·· 85
年代 ··· 87
描述 ··· 89
符号 ··· 89
压印泥版之后：象形文字 ···························· 108
符号的含义和与之相对应的陶筹 ···················· 123
压印泥版在文字演变过程中所处的地位 ············ 131

第二部分 阐释

第五章 象征在史前时期的演变 ························ 137
象征和符号 ·· 138
旧石器时代早期和中期的象征 ······················· 139
旧石器时代晚期和中石器时代的象征 ··············· 140
新石器时代的象征 ···································· 145
信息交流和数据存储的转折点 ······················· 151

目 录

第六章　陶筹：社会经济的晴雨表 ················ 156
　　记账技术与经济 ························ 156
　　记账技术与社会组织结构 ·················· 160

第七章　计数和文字的出现 ···················· 173
　　多种计数方式 ·························· 174
　　苏美尔的文献证据 ······················ 177
　　近东考古数据 ·························· 180

第八章　结论：陶筹，它们在史前时期的功用和它们
　　　　　对考古的贡献 ···················· 193
　　经济 ································ 194
　　政治体制 ···························· 194
　　数学 ································ 195
　　信息交流 ···························· 196

第三部分　史前古器物

图画和照片 ································ 201
　　圆锥体 ······························ 202
　　球体 ································ 205
　　盘状物 ······························ 207
　　圆柱体 ······························ 211
　　四面体 ······························ 213
　　卵形体 ······························ 214
　　长方体 ······························ 216
　　三角体 ······························ 218

双圆锥体 ·········· 220

抛物体 ·········· 221

卷曲体 ·········· 223

椭圆体 / 菱形体 ·········· 224

容器形 ·········· 225

工具形 ·········· 227

动物形 ·········· 228

其他 ·········· 230

注　释 ·········· 232

术语表 ·········· 237

索　引 ·········· 239

引言：陶筹，新的理论

> 人类的进化和文明的演进大体上依赖于某些行为的发展——火的发现、动物驯养、劳动分工；但最重要的是依赖于知识在接收、传递和记录方式方面的演化，特别是在表音文字的发展过程中。
>
> ——科林·切里[①]

语言是人类传递和传播经验的通用方式，它会在瞬间消失：当一个词语被完全言说出来之前，它就已经永远消失了。而文字是使被言说的词语成为永恒的最早的技术，它改变了人类的环境。

文本是信息交流的革命，它使个体不用面对面就能分享信息。文字使存储信息成为可能，它把任何个体都不能完全掌握的知识汇集在一起，而同时又让所有人都能得到这些信息。口说的语言具有不确定性，而文字是历史的开端，因为它结束了对口说语言的依赖。若不能记录收支平衡，则不能进行商品交易或行政管理。最后，在文本创造的种种益处当中，文字使我们可以把自己的想法记录下来，以便于及时进行分类、审查、修改、增补或删减，这样做

[①] Colin Cherry, *On Human Communication* (New York: John Wiley and Sons, 1957), p. 31.

可以使文本更具逻辑性，否则就不能表达出思想的深度。

文字是怎样形成的？人们通常认为，文字起源于公元前4千纪晚期的美索不达米亚，即现今的伊拉克，[①]继而从那里传播到埃及、埃兰和印度河流域。[②]此外，人们也普遍认为，其他文字，例如：中国和中美洲的文字，在此之后才出现，并且皆为独立发展。[③]中国和中美洲的文字起源至今仍是一个谜。在本书中，我介绍了一些考古学方面的证据，它们证明了美索不达米亚的文字起源于原始的计数工具。楔形文字的直系前身是陶筹系统———一种小的，由黏土制成且形状各异的算筹，它们是史前近东地区为商品计数和记账的工具。美索不达米亚的文字起源于计数工具，这是一个新观点。直到18世纪，文字的起源仍然是神话的主题———神、想象出来的人物或英雄是文字的创造者。到了启蒙时代，人们提出文字起源于图画文字，这种观点一直延续到了今天。[④]以下将介绍几种不同时期关于文字起源的观点。

神话

关于文字起源的最早记述可能是苏美尔史诗《恩美卡与阿拉塔

[①] Marvin A. Powell, "Three Problems in the History of Cuneiform Writing: Origins, Direction of Script, Literacy," *Visible Language* 15, no. 4 (1981): 419-420.

[②] Ignace J. Gelb, *A Study of Writing* (Chicago: University of Chicago Press, 1974), p. 63.

[③] Geoffrey Sampson, *Writing Systems* (Stanford, Calif.: Stanford University Press, 1985), pp. 46-47.

[④] Donald Jackson, *The Story of Writing* (New York: Taplinger Publishing Company, 1981), pp. 16-17.

之王》。① 这首诗叙述了乌鲁克 - 库拉巴之王恩美卡为了给伊南那女神重建庙宇而派遣使者到阿拉塔去索要木材、黄金、白银、天青石和宝石的故事。使者在两个王之间来回地传递着他们的请求、威胁和挑衅。直到有一天，他实在是难以记住恩美卡的命令，于是，库拉巴之王就发明了文字，把消息刻在了泥版上：

——使者嘴沉重，不能复述之。
——因为使者嘴沉重，不能复述之，
——库拉巴之王揉了一块泥，犹如泥版，把言词写在上面（就在这一天）。
——此前，把言词写在泥版上的事情从未见。
——现在，乌图带来新一天，事情发生如这般。
——库拉巴之王把言词写上面，犹如泥版（就在这一天），事情发生如这般。②

有人也许会说，根据《苏美尔王表》，恩美卡生活在大约公元前2700年左右，而早在500年前文字就已经被普遍使用了。这当然使人们怀疑恩美卡对文字的发明到底做出了哪些贡献！

在另一篇苏美尔诗歌《伊南那与恩基——文明的技艺从埃瑞杜

---

① Géza Komoróczy, "Zur Ätiologie der Schrift Erfindung im Enmerkar Epos," *Alt-orientalische Forschungen* 3（1975）: 19-24; Sol Cohen, "Enmerkar and the Lord of Aratta," Ph. D. dissertation, University of Pennsylvania, 1973, pp. 26-40; Samuel Noah Kramer, *Enmerkar and the Lord of Aratta*, University Museum Monograph（Philadelphia: University of Pennsylvania, 1952）, p. 2.

② Cohen, "Enmerkar," pp. 136-137.

传到埃雷什》中，智慧之王恩基掌管着代表文明的上百种技艺，文字就是其中之一。① 伊南那觊觎那些神圣的技艺，为了她的乌鲁克城，她一心想要得到它们。当恩基酒醉之时，他把所有的技艺都赠给了她。塞缪尔·诺厄·克雷默这样翻译：

> 当他们的心因酒而愉悦之时，恩基说：……
> "……哦！以我的权力之名，哦！以我的权力之名，
> 对神圣的伊南那，我的女儿，我要说……
> 木工、金属制造、文字、工具制造、
> 皮革加工、……建筑、篮子编织，这些技艺。"
> 纯洁的伊南那拿着它们。②

伊南那把文字和其他神圣的技艺装在了天船上，开始了她返回乌鲁克的多事之旅。她克服了暴风雨，征服了恩基派来取回技艺的海怪，最终到达了她的守护城。于是，她卸下了战利品，人民因此而欢喜万分。

贝洛索斯的《巴比伦尼亚志》记录了奥安尼斯——一个长着鱼的身体，却有着人的头、脚和声音的海怪，教巴比伦尼亚人文字、语言、科学和各种技艺的故事。③ 在其他巴比伦尼亚文献中，

---

① Gertrude Farber, *Der Mythos "Inanna und Enki" unter besondere Berücksichtigung der Liste der Me*, Studia Pohl, vol. 10 (Rome: Biblical Institute Press, 1973).

② Samuel Noah Kramer, *Sumerian Mythology*, rev. ed.(Philadelphia: University of Pennsylvania Press, 1972), pp. 64, 65.

③ Stanley Mayer Burstein, *The Babyloniaca of Berossus*, Sources from the Ancient Near East, vol. 1, no. 5 (Malibu, Calif.: Undena Publications, 1978), pp. 1–14.

智慧之王埃阿掌握着所有秘密的、神奇的知识，特别是文字。[1]在亚述时期，包括建筑、农业和文字在内的所有技艺和手艺的传授者——马尔都克之子那布，备受崇拜。[2]

在《圣经》中，神在"神的手指书写的"法表中向人类显示了他的意志。[3]这引起了很大的争论，[4]因为丹尼尔·迪福认为，这指的是"在西奈山上由神的手指书写的两个法表"，它们是世界上最早的文字；其他所有的字母均从希伯来语演变而来（图1）。[5]其他人把文字的发明归功于亚当。1668年，皇家学会的成员之一、颇有影响并备受尊崇的英国学者约翰·威尔金斯[6]认为，亚当发明了希伯来语字母："尽管并不直接出自他的发明，然而随着时间的推移，也是来源于他对字母必要性和有用性的体验。"[7]

---

[1] S. H. Hooke, *Babylonian and Assyrian Religion* (London: Hutchinson, 1953), p. 18.

[2] Dietz O. Edzard, "Nabu", in Hans W. Haussig, *Wörterbuch der Mythologie*, vol. 1. (Stuttgart: Ernst Klett Verlag, 1965), pp. 106–107.

[3] Exodus 31:18.

[4] Thomas Astle, *The Origin and Progress of Writing*, 2d ed. (London: J. White, 1803), p. 12, 认为文字出现在"法版"之前，因为《出埃及记》17:14中已经提到"书中的文字"。根据Ernstt Doblhofer, *Voices in Stone* (New York: Viking Press, 1961), p. 14, 有些学者认为《出埃及记》31:18提到的法版原文是"神圣的文字"，而《以赛亚书》8:1的则是"人类的文字"。

[5] Daniel Defoe, *An Essay upon Literature* (London: Thomas Bowles, 1726), title page.

[6] Madeleine V.-David, *Le Débat sur les écritures et l'hiéroglyphe aux XVII et XVIIIe siècles* (Paris: Bibliothèque Générale de l'École Pratique des Hautes Études VI e Section, SEVPEN, 1965), p. 13.

[7] John Wilkins, *Essay towards a Real Character and a Philosophical Language* (London: Gellibrand, 1668), p. 11.

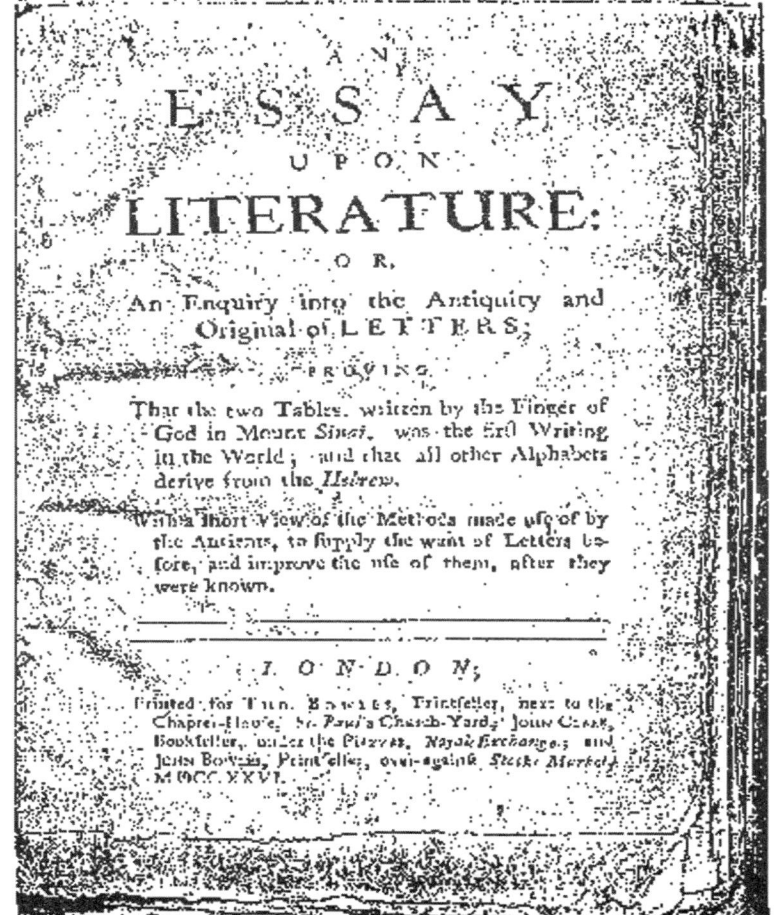

图1. 丹尼尔·迪福《文学杂记》的书名页（London: Thomas Bowles, 1726）。由奥斯汀市德克萨斯大学，哈里·兰塞姆人文研究中心提供。

从苏美尔神话到丹尼尔·迪福的神话，他们有一个共同点：认为文字是在一夜之间就发展成熟的。他们之中没有任何一个人认为文字是从简单的信息交流系统发展到复杂的信息交流系统的。现成的字母是从上天那里传下来的，这种观点一直延续到18世纪。

象形文字理论

18世纪，格劳塞斯特的主教威廉·沃伯顿首次介绍了文字的演化理论。在考察了埃及、汉语和阿芝台克语的文字之后，他认为所有的文字均起源于叙述性的图画。他还说，图画变得越来越简化，最终发展成抽象的文字符号。这一理论发表在沃伯顿1738年出版的著作《摩西圣使》中。[①] 该观点还被写进了狄德罗和达朗贝尔编纂的《百科全书》，列在了"书写"的条目之下，因而得到了广泛传播。[②] 两百多年来，沃伯顿的象形文字理论从未受到过实质性的挑战。例如，《文字研究》是现代文字学领域最著名的学术出版物之一，在1974年的修订版中，格尔布仍然坚称："很明显，美索不达米亚的楔形文字是从象形文字发展而来的。"[③]

尽管西方的旅行者们早在15世纪就发现了楔形文字的存在，但在阐释象形文字理论时，古代近东的文字并未发挥多大的作用，因

---

① William Warburton, *Divine Legation of Moses* (London: Fletcher Gyles, 1738), bk. 4, pp. 67, 70–71, 81, 139.

② Abbé Etienne Mallet, "Ecriture," in Denis Diderot and Jean Le Rond d'Alembert, *Encyclopédie*, vol. 5 (Paris: Briasson, David, Le Breton, Durand, 1755), pp. 358–359.

③ Gelb, *A Study of Writing*, p. 62.

为即使到了1738年，人们对楔形文字仍然知之甚少。19世纪，当考古队第一次收获了大量的楔形文字文献并把它们带回欧洲之时，人们仍然认为楔形文字符合沃伯顿的理论。1913年，乔治·巴顿认为："研究者们必须从这条假设开始——像其他原始文字一样，巴比伦文字源于象形文字。"然而，人们修正了象形文字理论的模式——那是一个从表意文字发展到表音文字的过程，共分三个步骤。巴顿写道："的确，无论文字起源于何处，它都以图画文字的形式存在，因此，我们非常有理由相信这种推测，即使这不是一条定律，所有的早期文字系统均起源于一系列具有象形性质的表意符号，再由这些符号发展出音节等价物，在某些情况下是字母等价物。"①

事实上，楔形文字起源于图画文字的理论并不是完美无瑕的。1928年，即发现乌鲁克泥版的前一年，威廉·梅森写道："我们必须承认，即使是迄今发现的最早、最原始的铭文，人们也很难从中识别出原来的实物。"然而，象形文字理论却从未被质疑过。相反，巴比伦的书吏还因为假设与事实不符而受到责备："因原始文化的限制、书吏的经验欠缺、艺术表现力欠佳等原因，每个书吏都按照自己粗陋、不完善，甚至经常是不正确的方式来书写，因此人们常常不能识别出文字和文字所要描摹的实物。"②

---

① George A. Barton, *The Origin and Development of Babylonian Writing* (Baltimore: Johns Hopkins University Press, 1913), p. xiv.
在这段中，pictograph 译为"象形文字"，ideograph 译为"表意符号"。syllabic value 我保留"音节等价物"的译法。因为当时的文字并未发展出严格意义上的"音节"或"字母"，只是在某些程度上与之相当。——译者

② Willam A. Mason, *A History of the Art of Writing* (New York: Macmillan, 1928), pp. 236-237.

在乌鲁克1929—1930季的发掘中出土了上百块古朴泥版，它们把文字的出现提前到了公元前4千纪，并为文字的起源提供了很多新信息。那些用"笔"描画或压印的符号与所谓的象形楔形文字相比，二者的书写技术完全不同，因此，古朴泥版与象形文字理论相互矛盾。德国学者亚当·法尔肯施泰因研究了泥版上的原文，他认为，文字在美索不达米亚产生的最初阶段，真正意义上的图画符号数量极少。即使是那些真正意义上的图画，例如："犁"、"战车"、"锤"或"野猪"等，不但数量少，而且也不常用，只是在一块泥版上出现过一次而已。[①] 常用符号多为抽象符号：代表"金属"的符号是一个带有五条横线的新月形；代表"羊"的"象形文字"是一个圆圈加上一个十字。乌鲁克泥版极大地改变了象形文字理论，因为文字在美索不达米亚产生的初期，象形符号很少使用。

爱德华·基耶拉和其他学者试图修正法尔肯施泰因的象形文字理论。他们认为，乌鲁克文献所使用的文字是已经发展了的文字，而很多真正意义上的象形文字出现在前一个阶段，它们很可能书写在易腐烂的材质上，例如：木头、树皮、纸草或羊皮纸，这些材质经过一段时间之后会发生分解，永远不能恢复。[②]

紧接着，乌鲁克1930—1931季的发掘出土了很多压印泥版，它们仍然对象形文字理论提出了挑战。与之前在苏萨和之后在海法杰、朱丁、马瑞、卜拉克、哈布巴卡比拉和杰贝勒阿鲁达发现的文

---

① ATU 25, 52.

② Edward Chiera, *They Wrote on Clay* (Chicago: University of Chicago Press, 1938), pp. 50, 58-60; Georges Roux, *Ancient Iraq* (Harmondsworth: Penguin Books, 1980), p. 80.

献一样，它们皆比法尔肯施泰因研究的"象形文字"乌鲁克泥版更为古老。然而，根据基耶拉的推测，这些文字并未书写在木头、树皮、纸草或羊皮纸上。它们的早期形式由楔形、圆圈、椭圆形、三角形等笔画构成，这些笔画被压印在了泥版上，但它们并不是象形文字。有很多书列出了有序的象形文字图表，但证据与这些图表之间的距离越拉越大。

至20世纪下半叶为止，学者们收集到了足够的证据，对象形文字理论发起了强烈的挑战。从1822年的商博良到1953年的文特里斯，每一次重大的破译都在瓦解着象形文字理论的前提条件，同时也逐渐明确了每种文字均有语音的特点。安德烈·勒鲁瓦-古朗等人类学家也参与到了这场争论之中，他们警告学者们不要对原始的图画文字存在偏见。他在《行为与语言》一书中指出："研究过文字起源的语言学家们经常赋予象形文字系统一种源于读写能力的价值。"勒鲁瓦-古朗认为，唯一的、真正意义上的象形书写是近期的现象，它们绝大多数出现在部落中，在旅行者或文明国家的殖民者发现它们之前，那里并没有文字。他的结论是："根本不可能通过因纽特人或印第安人的象形文字来了解象形文字在史前时期的使用情况。"①

戈登·蔡尔德曾经在《历史上发生了什么》一书中提出："牧师们……一致同意用一种约定俗成的方式来记录收入和支出，同事

---

① "Les linguistes qui se sont attachés à l'étude de l'origine de l'écriture ont souvent considéré les pictographies en projetant sur elles une mentalité née de la pratique de l'écriture…[A]ussi parait-il impossible de se servir de la pictographie des Esquimaux ou des Indiens comme d'un terme de comparaison pour comprendre l'idéographie des peuples antérieurs à l'écriture." André Leroi-Gourhan, *Le Geste et la parole*, vol. 1, (Paris: Editions Albin Michel, 1964), pp. 269–270.

和继任者们都要能够识别出那些书写形式所使用的符号；他们发明了文字。"① 也就是说，文字是一群文明个体的理性决定，现在学者们对这种观点提出了质疑。因为文字与人类的其他发明一样，并不来源于虚无，用基耶拉的话来说，"并不存在第一个人，他能够坐下来，然后说，'现在我们开始书写'。人类把之前的文明传承给后人，通过这种方式使文明得以延续，这是人类最伟大的成就，它是一个缓慢的、浑然天成的发展过程。"②

总之，象形文字理论与现代考古研究并不相符。近些年，近东的发掘主要集中在农业和城市的起源方面，学者们想要弄清楚二者是如何影响社会的。按照城市现象的观点，最早的乌鲁克"象形"泥版（即最早的压印泥版）与其他社会经济的发展步调不一致。这些早期的文献出土于乌鲁克Ⅳa层，远远滞后于城市的兴起和神庙的出现，二者早在200年前（Ⅹ—Ⅳ层）就已经开始运作了。若文字出现得如此之晚，则不可能在城邦形成的过程中起到什么作用。那么，美索不达米亚的城邦在没有记录保存的情况下是如何运作的呢？

虽然通俗读物仍在介绍传统的象形文字理论，③ 但早在20世纪50年代，学者们就开始预见到，人们很可能会发现美索不达米亚文字的前身。有些学者，例如：戈登·蔡尔德，在印章中搜寻着文

---

① V. Gordon Childe, *What Happened in History*, rev. ed. (Harmondsworth: Penguin Books, 1954), p. 93.
② Chiera, *They Wrote on Clay*, p. 51.
③ Robert Claiborne, *The Birth of Writing* (Alexandria, Va.: Time-Life Books, 1974), p. 66; Dora Jane Hamblin, *The First Cities* (New York: Time-Life Books, 1973), p. 99.

字，而其他学者则在陶工的记号中搜寻，但他们均一无所获。① 大多数像西顿·劳埃德一样的学者预言，很可能有更早的书写形式存在："能力的程度……[从乌鲁克Ⅳ泥版的书写形式中获得的]……意味着很可能在其他地层中找到书写形式的早期发展阶段，有可能是乌鲁克Ⅴ和乌鲁克Ⅵ。"② 戴维·迪林格坦率地指出"另一种更原始的文字"或"目前未知的早期书写形式很可能是[印度河流域书写形式]、楔形文字和早期阿拉米文字的共同前身。"③ 我则认为，文字的前身并不是早期的书写形式，而是计算工具。被人忽略——或未加考虑的——微不足道的陶筹，被使用了几个世纪之久，我认为它们才是文字的直系前身。

象形文字理论在思想的发展史上仍然是一个里程碑，因为它是第一个以发展的观点解释文字的理论，而没有把成熟的书写形式解释成神授之物。虽然该理论以相互间毫无关联的埃及、中国和新世界的范例为基础，但20世纪的考古研究引入了与之相反的新证据。正如我要阐明的，在考古发掘中经常发现的小陶筹是文字的前身。

陶筹

楔形文字的直系前身是陶筹系统。这些小的、由黏土制成的物

---

① Childe, *What Happened*, p. 87; Samuel A. B. Mercer, *The Origin of Writing and Our Alphabet* (London: Luzac and Company, 1959), p. 1.

② Seton Lloyd, *The Archaeology of Mesopotamia* (London: Thames and Hudson, 1978), p. 55.

③ David Diringer, *The Alphabet*, vol. 1, 3d ed. (London: Hutchinson, 1968), pp. 24, 49.

体形状各异——圆锥体、球体、盘状物、圆柱体等——它们是史前近东地区的算筹，可追溯至公元前 8000 年左右的新石器时代。它们是为了迎合经济发展的需要而产生的，最初是为了记录农产品的数量，在城邦时期扩展到记录手工作坊里的产品数量。陶筹的发展与社会结构的兴起有一定联系，它们与等级制同时产生，在城邦形成时期达到顶峰。

把陶筹像档案一样存储起来，是为了适应行政管理体制的扩张。存储的方式之一就是使用由黏土制成的封球——一种简单的、中空的黏土球，人们把陶筹放在里面并封存起来。封球的缺点之一就是，它们把封存好的陶筹隐藏了起来。记账人员在封存之前把陶筹的形状压印在封球表面，通过这种方式来解决封球的缺点问题。物品的数量通过相应数量的标记来表示，例如：封球中封存了七个卵形陶筹，封球的表面就带有七个卵形标记。

用符号代替陶筹是向文字发展的第一步。公元前 4 千纪的记账人员很快就意识到，在封球表面压印了标记之后，封球内的陶筹就变得毫无用处了。因此，泥版——带有标记的实心黏土球——代替了中空的、封存有陶筹的封球。标记自成体系，经发展之后，不仅包括压印的标记，还包括用尖锐的笔刻画的、可以识读的符号。这两种从陶筹发展而来的符号均为图画符号或"象形文字"。然而，它们并非沃伯顿预想的象形文字。这些符号并不是它们所要描摹的物体的图画，而是之前用来记账的算筹的图画。

这一研究最吸引我的地方在于，它意识到了古老的、"具象"计数的陶筹系统先于抽象的数字。并不存在代表"1"或"10"的陶筹，相反，人们需要特定的算筹来记录每一种物品：卵形体代表油罐，圆锥体代表较小单位的谷物，球体代表较大单位的谷物。陶筹的使用是一一对应的：一个卵形体代表一个油罐，两个卵形体代表两个油罐等等。这一发现意义重大，文字既是新的行政管理需要的结果，也是源于抽象计数。所发现的最重要的证据是，计数并不像先前假定的那样，是从属于文字的；相反，文字源于计数。

陶筹研究

一次偶然的机会我接触到了陶筹。1969—1971年，我得到了马萨诸塞州剑桥市拉德克利夫学院［现在的邦廷学院］的奖学金，研究近东地区的黏土在陶器之前的使用情况。借助这个机会，我系统地调查了近东考古挖掘出的公元前8000年至公元前6000年的黏土制品，它们保存在近东、北非、欧洲和北美的博物馆中。当我正在寻找新石器时代的黏土地板、壁炉涂层和谷仓的遗迹，以及砖头、珠子和雕像之时，我发现了大量的陶筹，还找到了一些意外的器物：微型圆锥体、球体、盘状物、四面体、圆柱体和其他几何形状的黏土制品。我记录了它们的形状、颜色、制作和所有可能的特点。我还统计了数量，测量了大小，画了草图，并把这些记录归档，列在"几何物体"之下。后来我发现，很显然，并不是所有这些器物均为几何形状，有些是动物、容器或工具的形状，另一些则是日常用品的形状，我就换用了"陶筹"这个词。

我对陶筹越来越感到疑惑，因为无论我走到哪里，伊拉克、伊朗、叙利亚、土耳其或以色列，总是能在早期由黏土制成的器物中发现它们的影子。若陶筹的使用如此之广，它们肯定曾起到过某种作用。我发现，陶筹总是精工细做，并且还是最早用火烧过的黏土制品。当时的人们如此大费周折，这也表明了，陶筹在当时是非常重要的东西。陶筹似乎是某个系统的一部分，因为我多次发现了大的和小的圆柱体，厚的和薄的盘状物，大的和小的球体——甚至是球体的一部分，例如：半球体和四分之三球体。那么，陶筹有何功用呢？

我向考古学家们讨教过有关陶筹的问题，我还了解到，每个发掘过早期遗址的考古学家都曾在他们的探沟中遇到过陶筹，但没有人知道它们是什么。在查阅了发掘报告之后，我发现，陶筹经常被忽略或是被放在"神秘物体"或"不明物体"的条目之下。那些曾冒险提出过解释的作者们把陶筹解释成护身符或游戏工具。卡尔顿·库恩是对陶筹感到好奇的学者之一，他很兴奋地报告了他在伊朗的洞穴地带发现的五个圆锥体："在 11 层到 12 层发掘出了五个神秘的圆锥状黏土制品，非常像现在的栓剂，大家都在猜测它们是用来做什么的。"[①]

开始时，我收集到的有关陶筹的数据似乎并无多大意义，但后来却让学者们意识到了这些器物的重要性。新石器时代有关算筹的资料本来是一个谜，后来却给整个构想提供了线索。

考古学家

自发掘过苏萨（1905）的雅克德·摩根和发掘过乌鲁克（1929）的朱利叶斯·乔丹开始，许多考古学家都曾发掘、保存和出版过陶筹，尽管陶筹在当时可能微不足道，但这些考古学家却应该因为这些功绩而得到人们的赏识。薇薇安·布罗曼曾获准在她的

---

① Carleton S. Coon, *Cave Explorations in Iran*, University Museum Monographs (Philadelphia: University of Pennsylvania, 1949), p. 75.

著作中出版了成百上千个出土于贾尔穆的陶筹。①1958年，当布罗曼完成她的论文之时，她别无选择，只能根据外形猜测这些物品可能是什么。结果，她赋予了每种特定的形状以不同的用途。她认为圆锥体可能是小雕像的草图，球体可能是投石弹或弹球。她还认为圆锥体、球体和半球体可能是算筹，因为现在的伊拉克牧羊人仍然用鹅卵石来记录他们的牲畜。②当时，她的观点并没有考古学上的证据可以证实。然而，就在一年之后，古代近东算筹的使用就见诸文献了。

利奥·奥本海姆

1959年，芝加哥大学的利奥·奥本海姆撰写了一篇有关公元前2千纪的算筹的文章，该文为理解陶筹为何物提供了线索。③他的论文关注于一块独特的中空泥版，该泥版在20世纪20年代出土于伊拉克北部的努孜（图2）。④这块卵形泥版与一块普通的、带有

---

① Vivian L. Broman, "Jarmo Figurines," master's thesis, Radcliffe College, Cambridge, Mass., 1958. 这篇论文后来以 "Jarmo Figurines and Other Clay Objects," 的题目发表在 Linda S. Braidwood et al., eds., *Prehistoric Archaeology along the Zagros Flanks*, Oriental Institute Publications 105 (Chicago: University of Chicago Press, 1983), pp. 369-423.

② Broman, "Jarmo Figurines" (1958), pp. 58, 62, 63; Thorkild Jacobsen, *Human Origins, Selected Readings*, ser. 2, 2d ed. (Chicago: University of Chicago Press, 1946), p. 245.

③ A. Leo Oppenheim, "On an Operational Device in Mesopotamian Bureaucracy," *Journal of Near Eastern Studies* 18 (1959); 121-128.

④ Richard F. S. Starr, *Nuzi*, vol. 1 (Cambridge: Harvard University Press, 1939), pp. 316-317; Ernest R. Lacheman, *Excavations at Nuzi*, vol. 7, Economic and Social Documents, Harvard Semitic Series, vol. 16 (Cambridge: Harvard University Press, 1958), p. 88, no. 311.

相同内容的泥版同属于一个叫作普希森尼的养羊人的家庭档案。①中空泥版上刻画有楔形文字,其内容如下:

> 算筹代表小的牲畜群:
> 21 下崽的母羊
> 6 母羊羔
> 8 成年公羊
> 4 公羊羔
> 6 下崽的母山羊
> 1 公山羊
> 3 母山羊羔
> 兹卡鲁之印,牧羊人。②

当打开中空的泥版时,发掘者发现里面有49个算筹,正如文中所记录的,与所列动物的数量相吻合。③

这块中空泥版就是陶筹系统的罗萨塔石碑。算筹(阿卡德语 abnu,复数 abnati,奥本海姆翻译成"石头")、动物列表和楔形

---

① 这块普通的泥版可能是普希森尼的档案,卵形封球应该是牧羊人兹卡鲁的档案,后者很可能不识字: Starr, *Nuzi*, pp. 316-317; Lacheman, *Excavations at Nuzi*, p. v. Tzvi Abusch 解释了为什么两个文本在同一个档案中出现的原因:"Notes on a Pair of Matching Texts: A Shepherd's Bulla and an Owner's Receipt," 载于 Martha A. Morrison and David I. Owen, eds., *Studies on the Civilization and Culture of Nuzi and the Hurrians*(Winona Lake, Ind.: Eisenbrauns, 1981), pp. 1-9.
② Abusch, "Notes," pp. 2-3.
③ Starr, *Nuzi*, p. 316.

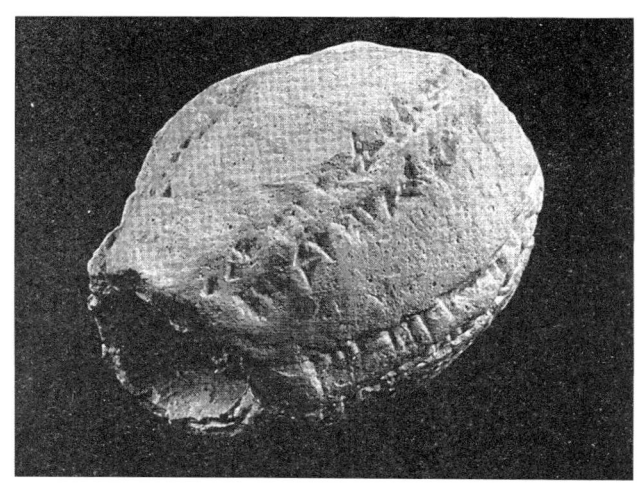

图 2."中空泥版",伊拉克,努孜。
由埃内斯特·拉舍曼提供。

文字文本的阐释,这三者使学者们毫无疑问地相信,在努孜,算筹是用来记账的。尽管在努孜尚未发现其他盛放有算筹的楔形文字泥版,奥本海姆仍然认为阿卜那提①在美索不达米亚或近东地区的行政管理体系中被广泛使用。他解释说,容器中的每块石头代表牲畜群中的一个动物。人们把陶筹存放在不同类别的存储器中,通过这种方式来记录牧羊人或牧场的变化,在剪毛时记录牲畜数量的变化,等等。他所依据的是在档案中找到的、篇幅较短的楔形文字记录,阿卜那提的"存放"、"转移"和"移除"如下:

---

① 此处的"阿卜那提"是阿卡德语"abnati"的音译。abnati 是阿卡德语的拉丁转写,原文为楔形文字,是"石头、岩石"的总称,也可以指"宝石"。阿卡德语无"算筹"的概念,只是用"abnati"一词指称用作算筹的物体。——译者

——这些羊属于某人；(与之相应的)石头尚未存放。

——3只羊羔、2只小公山羊是某人的份额，它们被记在他的账户上，(但)石头尚未存放。

——1只母羊属于某人，代表它的石头尚未移除。

——希勒瓦特苏卜共有23只绵羊，某人买……，代表它们的石头尚未转移。

——x只下崽的母羊，属于某人，没有(与之相应的)石头。①

马塞尔·西格里斯特指出，很可能有更多公元前2000年前后、乌尔第三王朝时期的文献提到过算筹。例如：一块与牛有关的泥版写道："账目的其余部分保存在皮袋中"(苏美尔语：Kuš du$_{10}$-gan)。②

当奥本海姆撰写他的文章之时，没有人知道算筹的样子。当然，文献中提到的阿卜那提也未加描述，盛放在努孜的中空泥版中的那些也丢失了。在考古报告中，它们都只是被简单地称作"鹅卵石"，未提及它们的形状或材质。③另一个意义重大的谜团是皮埃尔·阿米耶在巴黎提出的。

---

① Oppenheim, "On an Operational Device," pp. 125-126.
② 苏美尔语的形式被借入到阿卡德语，阿卡德语的形式为 *tuk(k)annu*（私下交流，Marcel Sigrist）。该文发表在 G. Pettinato, S. A. Picchioni, and F. Reshid, *Testi Economici Dell'Iraq Museum Baghdad*, Materiali per il Vocabulario Neosumerico, vol. 8, (Rome: Multigrafica Editrice, 1979), pl. XLVIII, no. 148; P. Dhorme, "Tablettes de Drehem à Jérusalem," *Revue d'Assyriologie et d'Archéologie Orientale* 9 (1912): pl. Ⅰ: SA 19.
③ Starr, *Nuzi*, p. 316.

皮埃尔·阿米耶

皮埃尔·阿米耶研究了古代近东文明的行政管理体系中所使用的印章，它们的作用是使文件合法化。他特别研究了印章在球状黏土质物体上的压印痕迹。这些器物出土自苏萨，均为中空，里面含有小的、由黏土制成的物体。阿米耶沿用了奥本海姆的观点，他把这些封存在黏土封球中的小的、由黏土制成的物体解释成"计数器"，它们代表着日常物品。① 这种观点较为大胆，因为苏萨的封球比努孜的卵形泥版要早2000多年，并且尚未找到这段时间间隔之内的其他例子。这个时间跨度具有非常重大的意义，原因有三：第一，人们知道了算筹是微型的黏土手工制品，形状各异，多为几何形状；第二，苏萨的封球表明，封球中的算筹并不仅限于有文字的时期，还可追溯至文字发明之前；第三，阿米耶预见了计数器可能是文字的前身。用他的话来说："有人可能会问，[书吏]是否想过，按照惯例，那些存储在封球中的小物体很可能代表着特定的物品。"②

阿米耶的贡献迈出了一大步，但他只揭示了陶筹系统的一个时间范围，而这些陶筹又出土自一个特定的地点：即公元前3300年左右的苏萨。我们应该记得，在1966年之前，史前时期的陶筹尚未被人们所熟知，唯一出版了的、与苏萨封球类似的器物出土自乌

---

① Pierre Amiet, "Il y a 5000 ans les Elamites inventaient l'écriture," *Archeologia* 12 (1966): 20-22.

② "On peut ainsi se demander si [le scribe] ne s'inspirait pas des petits objets de terre enfermés dans les bulles, et qui symboliseraient très conventionnellement certaines denrées." Ibid., p. 22.

鲁克。① 六年之后的 1972 年，当阿米耶在他的著作《苏萨的雕刻》中发表了苏萨的封球时，他仍然这样描述封球表面的标记："一系列圆形的或长的切口就像是刻在泥版上的密码，与封存在里面的计数器的数目相当。"② 最近，阿米耶总结了他的观点："我在疑惑，文字的发明是否从这些封存在封球中的计数器中得到了灵感。"③

卢浮宫西亚文物的管理员莫里斯·郎贝尔把阿米耶的观点进一步分成了两个步骤。他清楚地认识到，文字早期的压印符号再现了之前的计数器的形状："与其他地方的一样，这里的文字描摹了真实的事物。"④ 因此，他认为四面体、球体、大四面体、打点的四面体和大球体分别代表 1、10、60、600 和 3600——这种观点有一部分是错误的。

我意识到，在史前时期就已经存在了 5000 多年的记账系统已经开始使用陶筹了，并且这种记账系统在整个近东地区被广泛使用。我还能找到陶筹的形状与早期文字的刻画符号之间的相似之处，并且还能找出两种记录系统之间的延续性。最后，在更晚些的时候，我意识到了陶筹作为一种古老的记账方式在数学方面所体

---

① 阿米耶推测，尼尼微也出土了封球，但他记忆中的器物是一个实心的椭圆形垂饰。Pierre Amiet, *Elam* (Auvers-sur-Oise: Archée Editeur, 1966), p. 70.

② "Une série d'encoches rondes ou allongées, semblable aux chiffres que l'on observe sur les tablettes, et qui correspondent au nombre que donne l'addition des calculi serrés à l'intérieur, à cela près que leurs formes ne sont pas aussi diversifiées que celles des derniers." M 43, p. 69.

③ "Je me demandais donc si cette écriture ne s'inspirait pas de certains des calculi enfermès dans les bulles." Pierre Amiet, *L'Age des échanges inter-iraniens* (Paris: Editions de la Réunion des Musées Nationaux, 1986), p. 76.

④ "L'écriture a copié, ici comme ailleurs, ce qui existait en vrai." Maurice Lambert, "Pourquoi l'écriture est née en Mésopotamie," *Archeologia* 12 (1966): 30.

现出来的重要性：它的产生先于抽象计数。我回忆起，在1970年，与这个谜题有关的两件东西吸引了我的注意力，这一切仿佛就在我的眼前。为了要准备一个课堂讲座，我从档案里拿出了阿米耶1966年的文章，在我开始收集陶筹之后就再也没有看过这篇文章了。当我看见那些跃然纸上的小的、由黏土制成的圆锥体、球体和四面体时，我简直不敢相信自己的眼睛。在这之前，我总是本能地拒绝承认苏萨的器物与新石器时代村落里找到的陶筹有任何关系。毕竟，苏萨的计数器盛放在封球之中，而新石器时代的陶筹则是散放的；另外，这二者之间相隔了上千年。尽管在第二天，我饶有兴趣地查看了几篇考古遗址的发掘报告，它们的时间跨度在公元前4千纪、公元前5千纪和公元前6千纪左右。我发现，陶筹很可能在公元前8000年和公元前3000年之间被使用，并且从未间断。剩下的就是一些艰苦的工作。1974年至1978年间，我发表了首批有关陶筹以及它们与文字之间的关系的文章，[1]1983年至1986年间发表的文章多与陶筹和具象计数有关。[2]

---

[1] Denise Schmandt-Besserat: "The Use of Clay before Pottery in the Zagros," *Expedition* 16, no. 2, (1974): 10-17; "An Archaic Recording System and the Origin of Writing," *Syro-Mesopotamian Studies* 1, no. 2 (1977): 1-32; "The Earliest Precursor of Writing," *Scientific American* 238, no. 6 (1978): 50-58.

[2] Denise Schmandt-Besserat: "Tokens and Counting," *Biblical Archaeologist* 46 (1983): 117-120; "Before Numerals," *Visible Language* 18, no. 1 (1986): 48-60.

第一部分

证 据

第一章 什么是陶筹？

制作那些小的、由黏土制成的物品并用火使之硬化，这在阿斯瓦德是一项极其重要的活动，特别是在公元前7千纪前期的地层Ⅱ……它们……是几何形状的器物，例如：球体、盘状物和小型杯状物。

——亨利德·孔唐松[①]

人们发明了陶筹，那是一项伟大的创新。陶筹是近东最早由黏土制成的物品，也是最早被烧制成陶器的物品。它们的形状极具革命性，正如西里尔·史密斯所说，它们最先系统地使用了所有的基本几何形状。[②]第一章将描述陶筹的物理性状，类型和亚型，由"朴素"陶筹到"复杂"陶筹的演变，这些器物的材质和制作技术。

---

① "Une activité particulièrement importante à Tell Aswad, surtout dans le niveau Ⅱ au cours de la première moitié du 7e millénaire, était la fabrication de petits objets en argile modelée et durcie au feu. Il s'agit d'objets de forms géometriques, telles que boules, disques et coupelles." Henri de Contenson, "Recherches sur le Néolithique de Syrie (1967–1976)," *Comptes Rendus, Académie des Inscriptions et Belles-Lettres* (1979): 821-822.

② Cyril S. Smith, "A Matter of Form," *Isis* 76, no. 4 (1985): 586.

类型和亚型

陶筹是小的、由黏土制成的物品，分为以下 16 个主要的类型：（1）圆锥体、（2）球体、（3）盘状物、（4）圆柱体、（5）四面体、（6）卵形体、（7）长方体、（8）三角体、（9）双圆锥体、（10）抛物体、（11）卷曲体、（12）椭圆体／菱形体、（13）容器形、（14）工具形、（15）动物形和（16）其他（参见第三部分的图表）。陶筹的亚型是根据它们在尺寸和标记方面的特意改变而划分的。以圆锥体、球体、盘状物和四面体为例，它们按尺寸主要分为两种："小的"和"大的"。球体还可以以半球体和四分之三球体的形式出现。标记主要包括刻画的直线、切口、打点、挤捏上去的附件和附属的小球。

因为是手工制作，工艺不同、地点不同的陶筹尺寸各异，差别通常在 1 厘米至 3 厘米之间。"大的"圆锥体、球体、盘状物和四面体的亚型约在 3 厘米至 5 厘米之间。

由朴素演变到复杂

公元前 4 千纪上半叶的陶筹是"朴素的"（图 3），主要由几何形状构成，例如：圆锥体、球体、扁的和双面凸的盘状物、圆柱体、四面体（类型 1、2、3、4、5），偶尔有卵形体、长方体、三角体、双圆锥体和双曲面体（类型 6、7、8、9、16）。自然界中的形状包括容器形和动物形，数量较少（类型 13、15）。动物的头多为圆锥体，顶部挤捏成了喙或口鼻的形状，有时还带有眼睛、耳朵或须毛

第一章 什么是陶筹？

等细节（类型 15：1—2）。①

图 3. 朴素陶筹，伊朗，塞赫贾比。
由路易斯·莱文提供。

尽管在最早的、公元前 8 千纪的器物中，只有很少数量的陶筹偶尔刻画有直线或小点，带有标记的陶筹数量稀少，朴素陶筹的表面通常较为光滑。

4000 年以后，大约在公元前 3500 年，陶筹系统发展到了第二个阶段，新的类型和亚型层出不穷（图 4）。这些"复杂陶筹"包括一些新的几何形状：抛物体、卷曲体和椭圆体／菱形体（类型 10、11 和 12）；卵形体、长方体、三角体和双圆锥体的使用越来越广泛，并包括很多亚型（类型 6、7、8、9）。自然形状的陶筹出现了新的微缩工具形（类型 14）、家具形（类型 14：10），水果形和人形（类型 16：8，1—3）。最终，容器形和动物形变得越来越具有写意性（类型 13 和 15：3—13）。

复杂算筹的另一个显著特点是标记丰富。所有类型的陶筹中均出现过标记。直线标记中的多条平行线和短的笔画使用频率最高，但也出现过垂直相交的线、星形、方格和交叉线（有些出现在图 5 中）。还有很多算筹带有各种各样的小点（图 6）。有的刻画有

---

① 此处和下面括号中的说明与本书第三部分所列的类型和亚型相对应。

深的圆形标记，另一些则刻画有小的圆圈或由针刺成的细小凹坑。其他标记的类型——切口、指甲印、绘制、挤捏、附属的小球和螺旋——使用频率极低。事实上，带有附属小球或挤捏附件的陶筹很可能代表自然界中出现的事物。例如：顶部镶嵌着小球的立方体描摹的是一个盖有印章的盒子。换句话说，陶筹描绘的是装运货物时的情形，它们用图画阐明了绳子和印章的位置（类型7：25、26和30）。

有些复杂陶筹让人十分好奇，它们形状相同，直线的排列模式相似，但数目却不同（图表1），例如：刻画有1、3、4、5、6、8或10条直线的盘状物（类型3：19—25）。这种盘状物的例子最多，它们的表面带有数目各异的直线和笔画的组合（类型3：36—48）。三角体和抛物体几乎毫无例外地都刻画有数量不等的笔画（类型8：5—10；类型10：4—7）或直线（类型8：11—22和23—26；类型10：12—15）。刻画有五条直线的三角体似乎更为常见（类型8：17）。

不可否认，朴素陶筹和复杂陶筹代表着相同记账方式的两个发展步骤。复杂陶筹由朴素陶筹演变而来，只是在形状、材质和制作工艺方面做了改进。它们仍然沿用了基本的形状：即圆锥体、球体、盘状物、圆柱体、四面体、卵形体、长方体、三角体、容器形和动物头的形状。复杂陶筹只是形状更为复杂，标记的数量增多了一些而已。当陶筹系统的规模开始逐渐减小时，陶筹又回归到了几种朴素的形状。

朴素陶筹和复杂陶筹是同一记账系统的一部分，它们被相同的人使用且功用相同，这一观点基于以下几个原因：第一，两组陶筹出土于相同的遗址和贮藏地,并且被包裹在相同的封球中;第二,它们在相同的时间被打了孔,这表明,它们是串在一起的;第三点也是最后一点,朴素陶筹和复杂陶筹均为象形文字的原型,它们在苏美尔语的原文中代表基本的日常用品。

材质

制作陶筹最常见的材质是黏土。在公元前4千纪,陶筹通常是用非常精细的黏土团制成的,这表明,黏土经过了提纯这道工序。黏土好像是在非常湿的情况下进行加工的,因为表面上经常能看到手印的痕迹。

由石头、沥青或石膏制成的朴素陶筹数量不多,由这些材料制成的复杂陶筹的数量则更少。石筹常为彩色,由粉色、绿色或黑色的大理石,白色的雪花石膏,灰色的页岩,棕色的砂岩或红色的赭土制成。

制作

制作朴素陶筹比较简单,人们在两掌之间把黏土撮成小块儿或在指间进行挤捏。所有形状的陶筹均非常容易制作,那些形状实际上只是漫不经意间的涂鸦之作。只有那些代表微型容器、工具和动物的自然形状的陶筹经过了特别的精雕细琢。标记是用手指尖划上去的,更常见的标记是用尖锐的工具刻画的笔画和直线。

不同遗址中出土的陶筹,甚至是出土自相同地点的陶筹,在

18

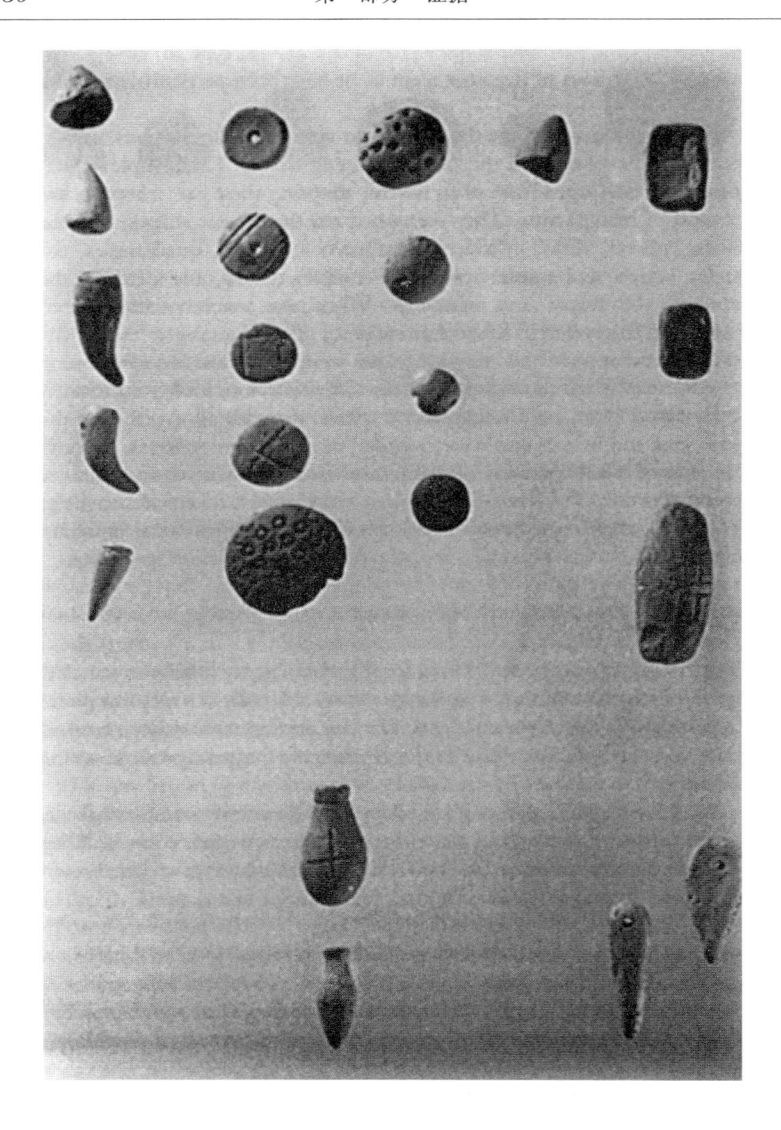

第一章 什么是陶筹？ *31*

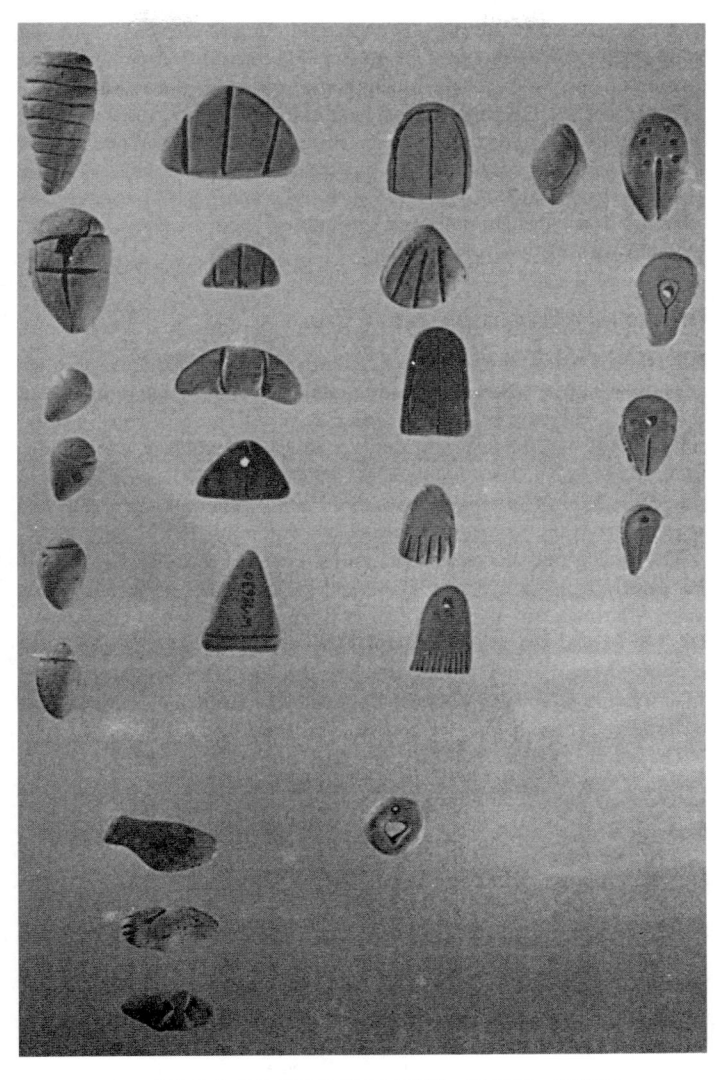

图 4. 陶筹集合显示了陶筹的主要类型，伊拉克，乌鲁克。
由德国考古研究所，巴格达部提供。

制作工艺上所花费的心思也各不相同。大多数陶筹的形状轮廓分明、棱角精确、明晰,但有些制作粗陋,轮廓模糊。石筹的制作需要更高超的技艺,还要花费更多的时间进行打磨,通常工艺上乘。

新石器时代的陶筹并未经过彻底的烘烤,核心部分经常是黑色的。扫描电子显微镜和示差热分析表明,史前陶筹的烘烤温度在500℃至800℃之间。另一方面,公元前4千纪的算筹,从里到外通常均为黄粉色,这表明,它们的烘烤过程控制严格。

研究中的陶筹集合

本书的研究依据的是8162块陶筹,其中包括3354个球体、1457个圆锥体、1095个盘状物、806个圆柱体、278个长方体、233个三角体、220个四面体、204个卵形体、129个动物形、85个抛物体、81个容器形、60个卷曲体、51个双圆锥体、45个椭圆体、33个其他形状和31个工具形。这些器物全部发表在《文字之前 卷二:近东陶筹目录》中。这些都是我在保存它们的博物馆做研究时或根据发掘报告编辑而成的,最理想的情况是把二者结合起来。

该目录反映了两种现象。第一,陶筹的数量因遗址的不同而有所不同。例如:器物数量最多的是贾尔穆2022个、乌鲁克812个、苏萨783个、詹杰达雷赫575个、乔拉485个、拉马德380个和阿斯瓦德320个,而数量最少的是马塔拉1个、松朱尔1个、欧贝德1个和哈逊纳3个。第二,数量较少的陶筹集合比数量较大的更为常见,陶筹数量少于10个的集合共30个。

第一章　什么是陶筹？　　33

图 5. 复杂陶筹，伊朗，苏萨。由卢浮宫，古代东方部提供。

图 6. 带有打点标记的陶筹，伊朗，苏萨。由卢浮宫，古代东方部提供。

图表 1. 陶筹系列。
由德国考古研究所，巴格达部提供。

3. 盘状物	
刻画直线	19 20 21 22 23 24 25
平行直线	28 29 30 31 32 33 34 35
平行直线+笔画	36 37 37A 38 39 40 41 42 42A
	43 44 45 46 47 48 49 50
4. 圆柱体	
刻画直线	15 16 17

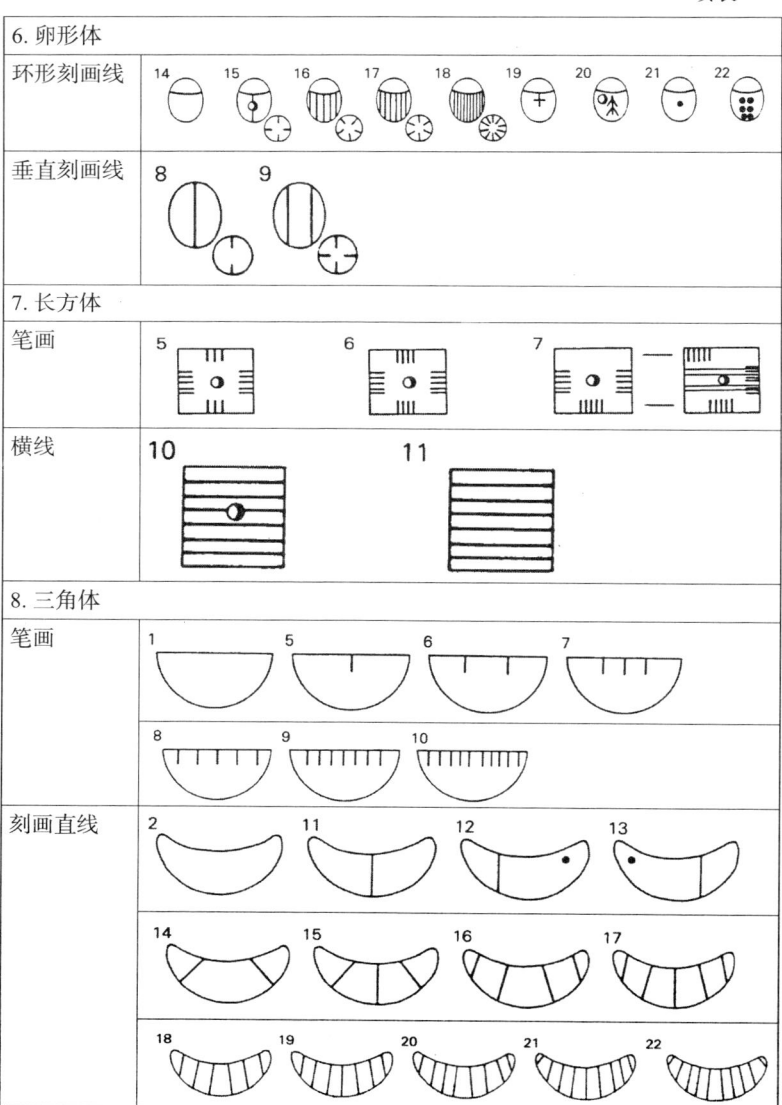

续表

6. 卵形体	
环形刻画线	14 15 16 17 18 19 20 21 22
垂直刻画线	8 9

7. 长方体	
笔画	5 6 7
横线	10 11

8. 三角体	
笔画	1 5 6 7 8 9 10
刻画直线	2 11 12 13 14 15 16 17 18 19 20 21 22

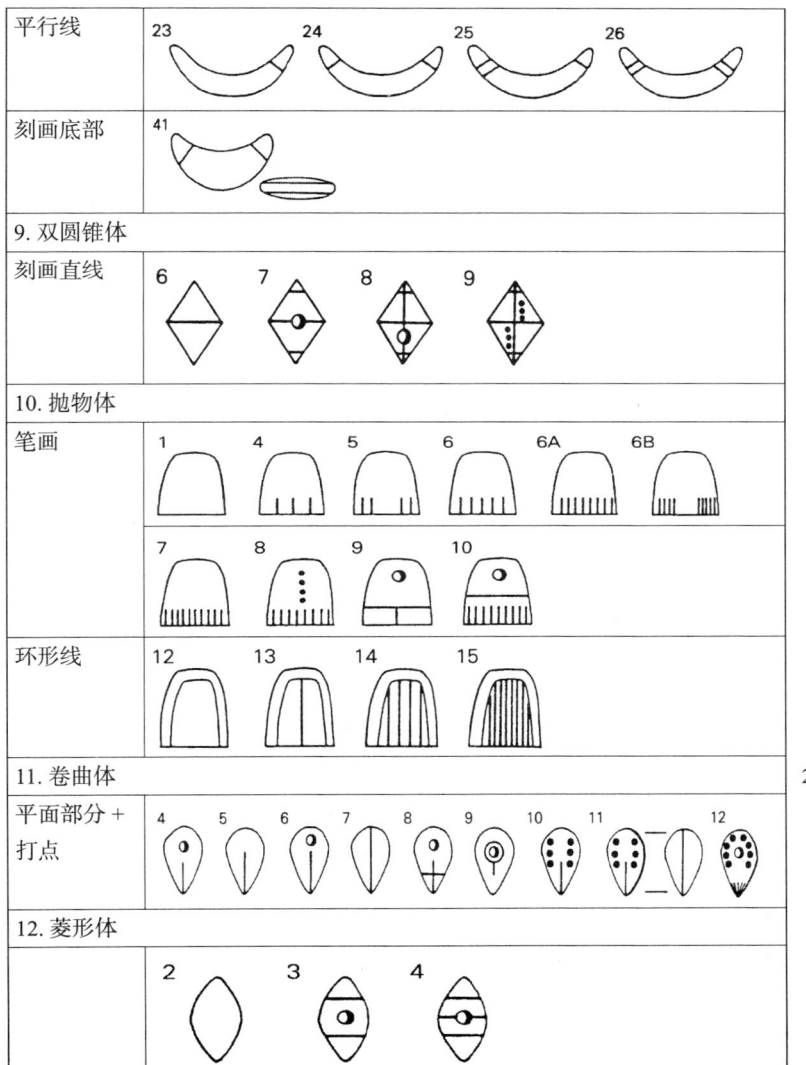

续表

平行线	23　24　25　26
刻画底部	41
9. 双圆锥体	
刻画直线	6　7　8　9
10. 抛物体	
笔画	1　4　5　6　6A　6B 7　8　9　10
环形线	12　13　14　15
11. 卷曲体	
平面部分 + 打点	4　5　6　7　8　9　10　11　12
12. 菱形体	
	2　3　4

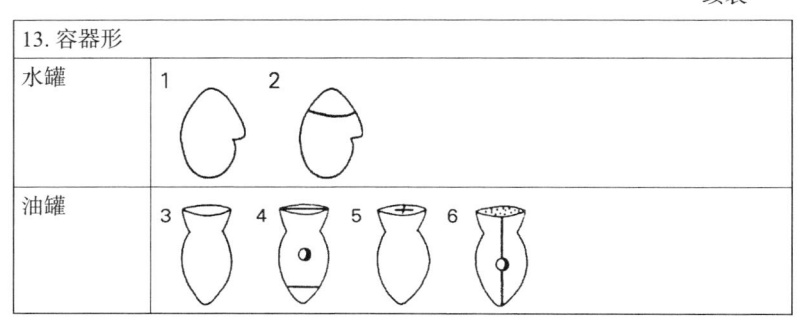

13. 容器形	
水罐	1　2
油罐	3　4　5　6

每个遗址中算筹的数量似乎并不能反映特定的社会经济要素，但在发掘这些素材和编排目录时，却能从中看出技术的难度。并没有任何迹象可以表明，贾尔穆与新石器时代的哈逊纳遗址，二者在生活方面有多大差别。但从这两个遗址发掘出的陶筹的数量却相差甚远，前者有2000多个，而后者只有3个。每个遗址发掘出的陶筹的数量千差万别，这与考古的类型有关。考古发掘在很大程度上依靠运气：一个探沟可能发掘出不计其数的艺术品，而下一个则可能颗粒无收。因此，与大规模的田野考古发掘中彻底的水平暴露相比，例如：贾尔穆的发掘，仅限于小范围的地表层的短期抢救项目，更容易受到运气的影响。这可能解释了为什么从阿巴达发掘出了50多个陶筹，[①] 而在与其相邻的奥埃伊利却只发掘出了不到5个。发掘的方法也是导致数量各异的原因之一。陶筹的尺寸和颜色即使对最好的发掘者来说，也是一种挑战。它们体积较小，又与填土混合在一起，因而极难辨认。在贾尔穆和詹杰

---

① Sabah Aboud Jasim, *The Ubaid Period in Iraq*, pt. 1, International Series 267 (Oxford: BAR, 1985), pp. 69-73.

达雷赫的考古发掘中,那里的泥土经过了系统的筛检,与未经过筛检的相比,从发掘的倾倒物中抢救出陶筹的概率更大。在所有的遗址中,朴素陶筹——比一粒小麦大不了多少——很可能被遗漏。球体非常有可能是最常见的陶筹形状;而在另一方面,它们常被当作弹球,因此更有机会被写进发掘报告,并被列在"游戏"的条目之下。

实际上,在编排陶筹目录时遇到的最大难题就是缺少文献。陶筹常常尚未发表,能找到的只是实际收集到的器物的一部分,舒加米什和詹杰达雷赫的情况即如此。另外,在早期的发掘中,陶筹在发掘报告中经常被曲解。在某些情况下,缺少出版物可以由研究博物馆中的实物来弥补,但人们常常并不这样做。例如接下来的哈逊纳报告的论述——"在哈逊纳主要探方的几乎每一层,均找到了相当数量的……小球"[1]——这表明,学者们在发掘现场的确收集到了很多陶筹。然而,在存放着哈逊纳文物的伊拉克博物馆,除一个黏土圆锥体和两个石球之外,找不到一丝这种器物的痕迹。其余的"相当数量"的小球均未准确地见诸文献。哈逊纳报告中的三个陶筹被列在了目录里,但在原始的标本当中它们并不具有代表性。

发掘出的陶筹的数量与现有的标本的数量明显不符,哈逊纳绝不是唯一的例子。实际上,这种现象非常普遍。捷姆迭特·那色是另外一个例子,根据发掘报告,当时找到了"大量"的圆锥

---

[1] Seton Lloyd and Fuad Safar, "Tell Hassuna: Excavations by the Iraq Government Directorate General of Antiquities in 1943 and 1944," *Journal of Near Eastern Studies* 4 (1945): 258.

体，但见诸文献的只有 7 个。[①]根据马洛温的说法，圆锥体在阿尔帕契亚"非常普遍"，但只有 24 个被大英博物馆和巴格达的伊拉克博物馆保存了下来。[②]发掘报告还经常传达不正确的理解。例如，石筹比朴素的黏土陶筹更具有艺术吸引力，因此它们经常得到出版物的青睐，有时这种情况可能暗示，石筹的数量比黏土陶筹的数量要多，但实际情况却恰恰相反。在哈逊纳，发掘报告中只提到了两个石质球体的标本。[③]阿穆克遗址，尤其是乔拉的情况与之相同，石筹被发表了出来，而 300 多个黏土标本却被忽略了。[④]欧贝德的发掘报告中只包含了一个抛物体陶筹的信息，并把它描述成"一个动物雕像的舌头。"[⑤]在这个例子中，学者们认为抛物体很可能更值得发表，因为这种形状并不寻常，也很有趣，而更多并不引人注意的类型却被忽视了。欧贝德的情况似乎比较特殊，因为只从器物里找到了一个复杂陶筹，却没有朴素陶筹，然而这很可能是错误的。

从贾尔穆收集到的陶筹的数量较多，可能有以下几个原因。第一，贾尔穆的考古发掘时间长、深度广并且泥土经过了系统

[①] Ernest Mackay, *Report on Excavations at Jemdet Nasr, Iraq*, Anthropology Memoirs, vol. 1, no. 3 (Chicago: Field Museum of Natural History, 1931), p. 278.

[②] M. E. L. Mallowan and J. Cruikshank Rose, "Excavations at Tell Arpachiyah, 1933," *Iraq* 2, pt. 1 (1935): 88.

[③] Lloyd and Safar, "Tell Hassuna," pl. X, 1: 22-23.

[④] Arthur J. Tobler, *Excavations at Tepe Gawra*, vol. 2, University Museum Monographs (Philadelphia: University of Pennsylvania, 1950), pp. 170-171, 205.

[⑤] H. R. Hall, *Ur Excavations*, vol. 1, *Al Ubaid* (Oxford: Oxford University Press, 1927), p. 41, fig. 4.

第一章　什么是陶筹？

的筛检。更重要的是，团队中的成员薇薇安·布罗曼正在从事黏土器物的研究。她的兴趣很可能激发了工人们的警惕性，使他们能够找到并保存相关的物体。另外，布罗曼在她的论文中提到了她的研究成果，这就使相关的素材能为学者们所用。[①] 她把收集到的陶筹做了详细的报告并公之于世，直到今天，她的研究仍是独一无二的。很显然，若没有布罗曼的研究工作，我们现在对贾尔穆陶筹的了解可能并没有对新石器时代的陶筹——例如哈逊纳陶筹——了解得多，甚至可以说是一样少。在贾尔穆出土了 2000 多个陶筹之后，人们就迫不及待地想要知道每个遗址中究竟能够发掘出多少个陶筹。在公元前 7 千纪和公元前 6 千纪，贾尔穆不大不小，正好是一个中等农业聚居区的规模。因此，这里的陶筹的数量应相当于新石器时代的平均水平。与之相反，哈逊纳出土的 3 个，甚至是乌鲁克的 812 个，苏萨的 783 个和乔拉的 485 个陶筹，它们基本不能反映出应该发掘出的器物的情况。

　　从现有收集到的陶筹可以看出每个遗址出土的陶筹的数量和各种类型的出现频率，但所反映的信息很可能并不准确，甚至可以说是不可靠。而另一方面，相同的数据被用在了绘制近东地图上，精细地勾画出了记账系统广泛的地理分布（地图 1）。

---

① Vivian L. Broman, "Jarmo Figurines," master's thesis, Radcliffe College, Cambridge, Mass., 1958. 这篇论文后来以 "Jarmo Figurines and Other Clay Objects," 的题目发表在 Linda S. Braidwood et al., eds., *Prehistoric Archaeology along the Zagros Flanks*, Oriental Institute Publications 105（Chicago: University of Chicago Press, 1983）, pp. 369-423.

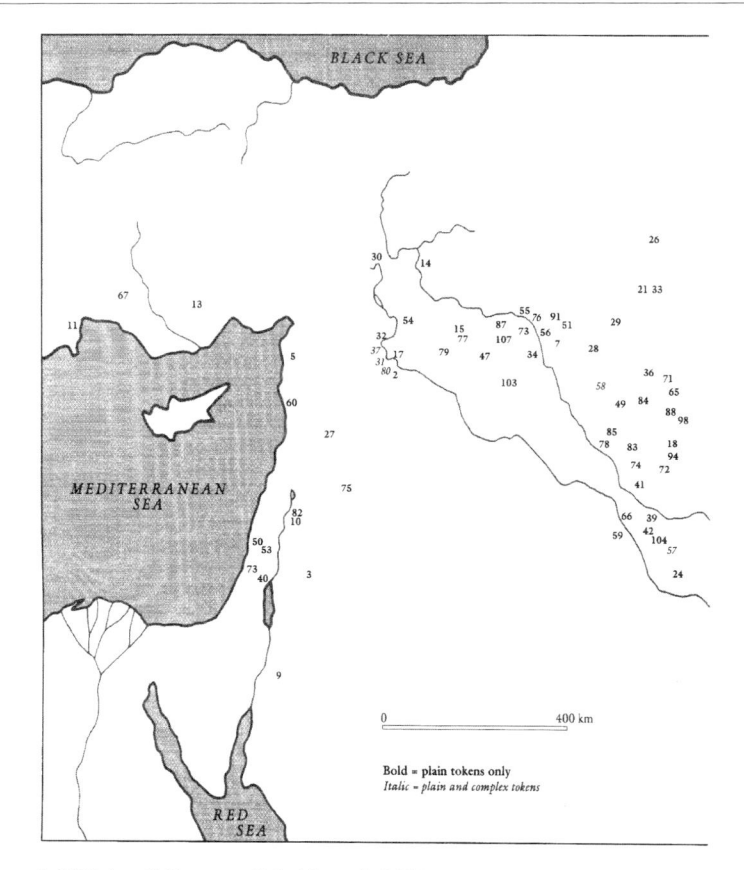

Bold = plain tokens only
Italic = plain and complex tokens

1 Abdul Hosein	10 Beisamoun	19 Chogha Bonut	28 Gird Ali Agha	37 *Jebel Aruda*	46 *Larsa*
2 Abu Hureira	11 Beldibi	20 *Chogha Mish*	29 Gird Banahilk	38 Jeitun	47 Maghzaliyah
3 Ain Ghazal	12 Belt Cave	21 Dalma Tepe	30 Gritille	39 Jemdet Nasr	48 Malyan
4 Ali Kosh	13 Can Hasan	22 Deh Luran	31 *Habuba Kabira*	40 Jericho	49 Matarrah
5 Amuq	14 Çayönü Tepesi	23 Eridu	32 Hadidi	41 Khafaje	50 Megiddo
6 Anau	15 Chagar Bazar	24 Fara	33 Hajji Firuz	42 Kish	51 M'lefaat
7 Arpachiyah	16 Chagha Sefid	25 Ganj Darch	34 Hassuna	43 KS 34	52 *Moussian*
8 Bampur	17 Cheikh Hassan	26 Geoy Tepe	35 Jaffarabad	44 *KS 54*	53 Munhata
9 Beidha	18 Choga Mami	27 Ghoraife	36 Jarmo	45 KS 76	54 Mureybet

地图 1. 陶筹的分布

第一章 什么是陶筹？

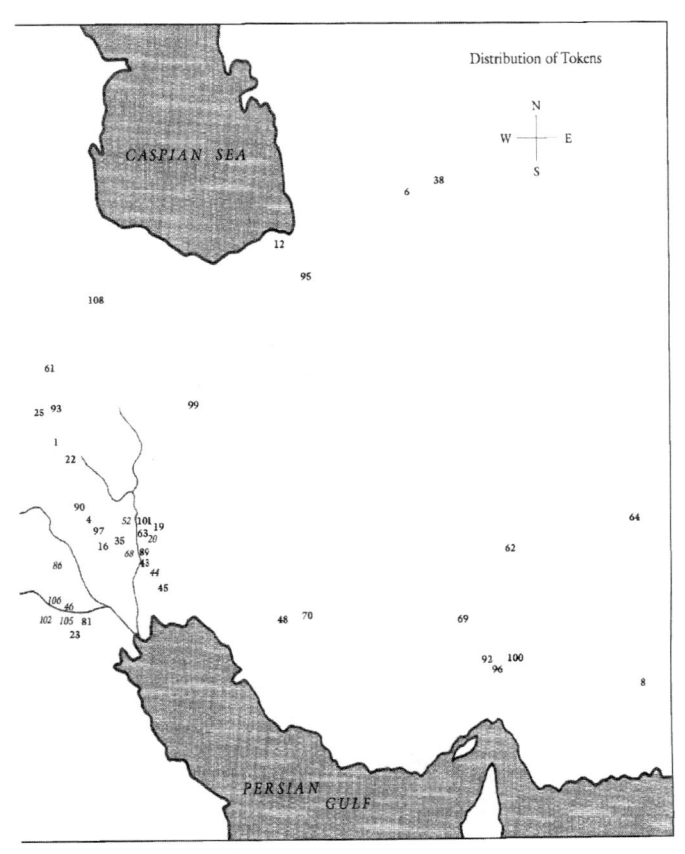

55 Nemrik	64 Shahr-i Sokhta	73 Tell Aphek	82 Tell Ramad	91 Tepe Gawra	100 Tepe Yahya
56 Nineveh	65 Siahbid	74 Tell Asmar	83 Tell Raschid	92 Tepe Gaz Tavila	101 Tula'i
57 *Nippur*	66 Sippar	75 Tell Aswad	84 Tell Songor	93 Tepe Giyan	*102 Ubaid*
58 Nuzi	67 Suberde	*76 Tell Billa*	85 Tell Yelkhi	94 Tepe Guran	103 Umm Dabaghiyal
59 Ras al Amiya	68 *Susa*	77 Tell Brak	*86 Tello*	95 Tepe Hissar	104 Uqair
60 Ras Shamra	69 Tal-i-Iblis	78 Tell es-Sawwan	87 Telul eth Thalathat	96 Tepe Muradabad	*105 Ur*
61 Seh Gabi	70 Tall-i-Bakun	79 Tell Halaf	88 Tepe Asiab	97 Tepe Sabz	*106 Uruk*
62 Shahdad	71 Tell Abada	*80 Tell Kannas*	89 Tepe Bouhallan	98 Tepe Sarab	107 Yarim Tepe
63 Sharafabad	72 Tell Agrab	81 Tell Oueili	90 Tepe Farukhabad	99 Tepe Sialk	108 Zagheh

地图 1.（续）

第二章　哪里使用陶筹，谁使用它们

只有一个既定事实：与文字的出现……似乎有关的唯一事实是等级社会的建立，这种社会由主人和奴隶构成，他们中的一部分人为另一部分人工作，这种情况在全世界的任何地方均能找到。

——克洛德·莱维-斯特劳斯[①]

本章主要叙述发现陶筹的背景情况。我描述了那些发现陶筹以及相关器物的聚居区和建筑物的类型。最后，我把焦点放在了坟墓中的稀有陶筹上，因为从那里可能找到与陶筹使用者的身份有关的重要信息，比如说陶筹是和谁埋葬在一起的。

聚居区的类型

公元前8000年左右的五个遗址——伊朗的阿西阿卜和詹杰达

---

① Georges Charbonnier, *Conversations with Claude Lévi-Strauss* (London: Jonathan Cape, 1961), pp. 29–30.

雷赫 E[①]，叙利亚的阿斯瓦德、穆赖拜特和谢赫哈桑[②]——发现了陶筹，它们惊人得相似：均为小型的露天居民区，建有典型的圆形小屋。其中两个伊朗的聚居区是半定居区，但穆赖拜特、谢赫哈桑和阿斯瓦德均为完全定居区，并且还处在农耕社会。公元前 7 千纪至公元前 4 千纪之间，陶筹被传播到各种各样的居住区。伊朗的洞穴地带（新石器时代有人居住）和图拉伊的居住者是游牧民族，这两个地方均出土了黏土算筹。[③] 但大多数朴素陶筹均来自定居区的矩形房屋，例如：伊朗的贾尔穆。

另外，复杂陶筹与拥有标志性公共建筑的城市遗址有关，例如：伊拉克的乌鲁克、伊朗的苏萨和叙利亚的哈布巴卡比拉。

聚居区的内部分布

在大多数记录了陶筹背景情况的遗址中均出土了算筹，它们有

---

① Robert J. Braidwood, Bruce Howe, and Charles A. Reed, "The Iranian Prehistoric Project," *Science* 133, no. 3469 (1961): 2008; Philip E. L. Smith, "Ganj Dareh Tepe," *Paléorient* 2, no. 1 (1974): 207; Philip E. L. Smith, "An Interim Report on Ganj Dareh Tepe, Iran," *American Journal of Archaeology* 82, no. 4 (1978): 538.

② Henri de Contenson: "Chronologie absolue de Tell Aswad (Damascène, Syrie)," *Bulletin de la Société Préhistorique Française* 70 (1973): 253; "Tell Aswad (Damascène)," *Paléorient* 5 (1979): 155; "La Région de Damas au Néolithique," *Annales Archéologiques Arabes Syriennes* 35 (1985): 9. Jacques Cauvin, *Les Premiers Villages de Syrie-Palestine du IX ème au VII ème millénaire avant J. C.*, Collection de la Maison de L'Orient Mediterranéen Ancien, no. 4, Série Archéologique 3 (Lyons: Maison de l'Orient, 1978), p.136.

③ Carleton S. Coon, *Cave Explorations in Iran*, University Museum Monographs (Philadelphia: University of Pennsylvania, 1949), p. 75; Frank Hole, "Tepe Tula'i: An Early Campsite in Khuzistan, Iran," *Paléorient* 2 (1974): fig. 15h, o-t.

些是在建筑物的里面被发现的,有些是在外面。与其他遗址一样,在阿斯瓦德找到了大量陶筹,它们是在类似垃圾倾倒场的空地上被发现的,与动物的骨头和其他垃圾混在一起。① 学者们在公元前4千纪沙拉法巴德的古代垃圾坑中发现了陶筹。可以确定的是,算筹经常与早春的垃圾堆放在一起,却很少在冬天的垃圾层中被发现。亨利·赖特认为,陶筹显然是在收获季节之后被丢弃掉的,那也是传统的享乐季节。②

在乌鲁克和苏萨,陶筹的发现地均为主神庙附近。在乌鲁克,整个遗址丘到处都散落着算筹,但在埃安那圣区发掘出了719个(占88.5%),阿努塔庙发掘出了43个(占5.3%),还有50个(占6.2%)出土自城市的私人场所。值得注意的是,在苏萨,几乎每个主神庙南部的探沟均出土了陶筹,而在卫城同一遗址丘的北部和与之相邻的皇家别墅遗址丘,却只出土了几个而已。在这两座城市中,陶筹都是在露天区域被发现的。在埃安那,陶筹散落在石锥神庙③的地上和大庭院中。④

陶筹在聚居区内部的分布情况表明了两个重要的事实。第一,在城市中,陶筹在官方场所出现的频率要比在世俗场所出现的频率高。第二,在空地的垃圾中发现了陶筹,这一事实表明,算筹一完

---

① 私下交流,Henri de Contenson.
② Henry T. Wright, Naomi Miller, and Richard Redding, "Time and Process in an Uruk Rural Center," in *L'Archéologie de l'Iraq du début de l'époque néolithique à 333 avant notre ère* (Paris: Colloques Internationaux du Centre National de la Recherche Scientifique, 1980), p. 277.
③ UVB 17, pp. 36-37, pl. 24g-h, m-n, p-t, and v.
④ UVB 17, p. 37; UVB 22, p. 40.

成它们的使命就被丢弃掉。换句话说,它们的作用主要是用来记录而不是记账。乌鲁克的朴素泥版与之相似,也总是在垃圾堆中被发现。这使我们不禁想起,历史上人们也常有丢弃经济泥版的习俗。①

建筑物

出土了陶筹的建筑物主要分为两类:家庭的和公共的。在阿利库什,有些陶筹是在家庭建筑中被发现的,它们与打火工具、研磨石臼和杵放在一起。②这种情况让人觉得,在房子不再使用之后陶筹才被丢弃,它们并未放在原有的位置上。塞赫贾比的情况与此相同,陶筹散落在普通的房子里——有些挨着罐子,③有些在炉膛里。④在索万、⑤哈杰吉菲鲁兹⑥和贾兹塔维拉,⑦陶筹集中在贮

---

① Yvonne Rosengarten, *Le Concept sumérien de consommation dans la vie économique et religieuse.* (Paris: Editions E. de Boccard, 1960), p. 32.

② 私下交流,Frank Hole.

③ Cat. no. 43, 71-129, BW; T. Cuyler Young, Jr., and Louis D. Levine, *Excavations of the Godin Project: Second Progress Report*, Art and Archaeology Occasional Paper 26 (Toronto: Royal Ontario Museum, 1974), p. 61, fig. 6: G 20.

④ Cat. nos. 21: 71-144 and 51: 71-143, BW; Young and Levine, *Excavations of the Godin Project*, p. 59, fig. 4.

⑤ Ghanim Wahida, "The Excavations of the Third Season at Tell as-Sawwan, 166 1966," *Sumer* 23, nos. 1-2 (1967): 169.

⑥ Mary M. Voigt, *Hajji Firuz Tepe, Iran: The Neolithic Settlement*, Hasanlu Excavations Reports, vol. 1, University Museum Monograph no. 50 (Philadelphia: University of Pennsylvania, 1983), p. 182, HF 68-81.

⑦ Martha Prickett, "Man, Land and Water: Settlement Distribution and the Development of Irrigation Agriculture in the Upper Rud-i Gushk Drainage, Southeastern Iran," Ph. D dissertation, Harvard University, 1985, p. 539.

藏区。詹杰达雷赫的情况与此相同，房子下面的小室中发现了大量的陶筹。①

在哈杰吉菲鲁兹，最有趣的发现是在一座建筑物中找到的六个圆锥体，那里没有任何居住过的痕迹，例如：烹饪用具或燧石屑。②这座建筑在别的方面也有别于其他房子。首先，它更小一些，只有一个房间，而常见的是两个房间。第二，它与众不同，里面有一个低的平台和两根柱子。③尽管难以捉摸，但很显然，哈杰吉菲鲁兹这座出土了最多陶筹的建筑物有着特殊的用途。在阿巴达，大多数陶筹——总计40个，有时被装在容器里，它们是在建筑物 A 中被发现的，那是该聚居区被发掘的最大的建筑物。发掘者从建筑物的

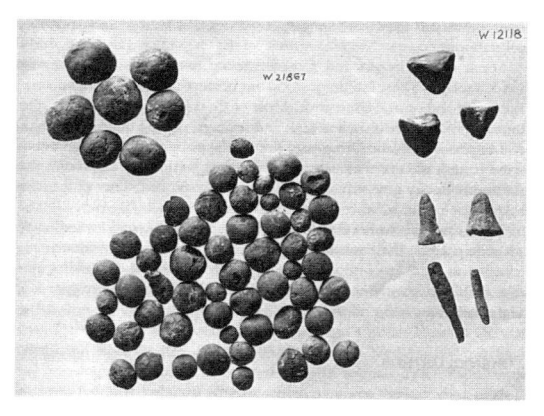

图 7. 炉灶中发现的陶筹贮藏区，伊拉克，乌鲁克（Oa ⅩⅤ 4/5）。由德国考古研究所，巴格达部提供。

---

① 私下交流，Philip E. L. Smith.
② Voigt, *Hajji Firuz Tepe*, pp. 87, 181–184, H. F. 68-122, 68-170-172, 68-189, and 68-195.
③ Voigt, *Hajji Firuz Tepe*, pp. 47–49.

大小和埋葬的婴儿看出,这座建筑物有"宗教意义"。①

在乌鲁克,陶筹与地层Ⅴ的一些豪华建筑联系在了一起,例如:石锥神庙和石灰石神庙,但在城市的探沟中却只出土了寥寥几个算筹。在埃安那由建筑物F、G和H构成的复合建筑物中发现了一个贮藏室,那里面出土了75个陶筹(图7),它们均在原来的位置。这些建筑坐落在庭院的右角,是埃安那典型的纪念性建筑,令人印象深刻。它们依照常见的设计而建,由一座大的中央大厅和两侧的小房间构成,正面装饰有壁龛。建筑物H的北边有一个房间,房间里有一个大的、带有长锅柄状附属物的圆形壁炉,在房间的地面上发现了陶筹,其中包括61个球体、7个大球体、3个四面体、2个圆锥体和2个圆柱体。②在塞赫贾比和乌鲁克,陶筹均是在炉灶里被发现的,这非常令人吃惊。另一方面,也可能或者说是非常可能,它们同其他垃圾一同被掸到炉灰中并准备丢弃掉。

在苏萨的神庙区域也发现了陶筹,它们被堆放在了工场区和仓库区。梅克南指出:保存陶筹的封球是在贮藏区发现的。③这些建筑由黏土建造而成,并装饰有大的圆锥体,里面被分隔成多个小室,其中一间房子还堆满长颈的罐子,罐子的里面装有黑色的粉末。

在哈布巴卡比拉七座最大、最宏伟的房子里面同样发现了陶筹。这些建筑按照苏美尔典型的设计建造而成,中央有庭院,所以非常显眼。在大多数建筑物中还出土了行政管理所需要的物品,例

---

① Sabah Aboud Jasim and Joan Oates, "Early Tokens and Tablets in Mesopotamia: New Information from Tell Abada and Tell Brak," *World Archaeology* 17, no. 3 (1986): 352-355.

② UVB 25, p. 40.

③ M 29, pp. 13, 17-18, 25, 27, and fig. 23.

如：印章和封泥、椭圆形垂饰、封球和压印泥版。另外，打火用具、陶器和纺锤似乎表明，这些房子是家庭用房。通向神庙的南城门具有特殊的意义，在那里不仅出土了 15 个陶筹，还有一个滚印和很多椭圆形垂饰。

总之，陶筹经常在贮藏设施和仓库中被发现。更重要的是，有证据表明，早在公元前 6 千纪，陶筹就出现在了非家庭用的建筑中。在当时，这些公共建筑可以是"神庙"，例如：乌鲁克，还可以是城门，例如：哈布巴卡比拉。

陶筹堆

陶筹通常成组出现，所包含的数量不等，少则两个，多则上百。在贾兹塔维拉，35 个圆锥体和 1 个球体紧贴在一起，存放在贮藏室的一角。[①] 詹杰达雷赫也出土了很多小的陶筹堆，所包含的陶筹的数量最少为 2 个，最多为 37 个，形状各异的陶筹被挤放在贮藏室里。阿巴达出土了 11 个陶筹堆，陶筹数量为 4 至 16 个。[②] 乌鲁克的贮藏室出土了 75 个陶筹，形状有上文描述过的球体、大球体、圆锥体、四面体和圆柱体。此外，毫无疑问，出土于埃安那地层Ⅵ的 155 个陶筹也被堆放在了一起。

所含陶筹数量非常少的陶筹堆是在哈布巴卡比拉发现的。其中，数量最多的陶筹堆包含 21 个陶筹，是在一座房子里发现的，它们分属于 5 个房间，最多的一堆有 9 个陶筹。另外，除在房子 2

---

① Prickett, "Man, Land and Water," p. 539.
② Jasim and Oates, "Early Tokens," pp. 352, 355.

中只发现了带有刻画痕迹的卵形体之外，陶筹堆均由各种形状的算筹组成。总之，这些证据表明，用陶筹记录的账目通常和各种数量较小的日常用品有关。

陶筹容器

在阿巴达，一些陶筹盛放在陶碗或陶罐里，另一些则放在地板上。① 在其余大多数的遗址中，陶筹均放在建筑物的地板上或贮藏室中。陶筹彼此紧贴着堆放在一起，仿佛它们曾经被盛放在了某个容器中，只是随着时间的流逝容器碎裂了，没有留下任何的痕迹。篮子、木盒子、皮质的或纺织品的袋子可能是曾经使用过的容器。公元前2000年左右、乌尔第三王朝的文献可能提到过用皮袋盛放陶筹的例子。马塞尔·西格里斯特也记录过一块泥版，上面写着"1492头肥牛在皮袋中"，西格里斯特认为，这应该理解成"代表1492头牛的陶筹被放在皮袋中作为档案。"②

相关器物

公元前8千纪，早期的陶筹与加工食品同时出现。穆赖拜

---

① Jasim and Oates, "Early Tokens," p. 355.
② 感谢马塞尔·西格里斯特给我提供了下面两篇参考文献：D. Calvot, *Textes économiques de Šelluš-Dagan du Musée du Louvre et du Collège de France*, Materiali per il Vocabulario Neosumerico, vol. 8 (Rome: Multigrafica Editrice, 1979), pl. ⅩLⅧ, MVN 8, 147; P. Dhorme, "Tablettes de Drehem à Jérusalem," *Revue d'Assyriologie et d'Archéologie Orientale* 9 (1912): pl. Ⅰ: SA 19.

特的情况非常详细地阐释了计数、记账与农业的相关性。在这里需要说明的是，早期的陶筹与谷类花粉数量的突飞猛进同时出现（地层Ⅲ）。这意味着，谷物当时已经被种植到了田地里，而在以前的地层（地层Ⅱ和Ⅰ）中，人们还在收集野生的谷物，陶筹在那时还未被使用。穆赖拜特Ⅲ时期还出现了大的、用来贮存粮食的矩形地窖。① 最终，聚居区急速膨胀，人口快速增长。② 詹杰达雷赫、阿西阿卜、阿斯瓦德和谢赫哈桑的数据同样表明，人类的生存依赖于粮食的消费。另外，在这五座遗址中，可能除阿西阿卜之外，③ 没有一个能够从中找到驯养动物的骨骼。公元前7千纪至公元前4千纪早期，陶筹一直是农业社会的典型特征。总体来说，陶筹显然与商品交换毫无关联，或者需要特别指出的是，与黑曜石的交易无关。詹杰达雷赫并没有用来制作陶筹的黑曜石。在陶筹出现之前，穆赖拜特Ⅰ和Ⅱ均出现过这种珍贵的火山玻璃。

在公元前4千纪，出土了最大数量复杂陶筹的五个遗址——伊拉克的乌鲁克和铁罗，伊朗的苏萨和舒加米什，叙利亚的哈布巴卡比拉-坎纳斯——有很多相似的器物，这引起了学者们的注意。尽管这些城市散落在方圆几百英里的土地上，它们却有着特点相同的

---

① Cauvin, *Les Premiers Villages*, pp. 74, 73, 43.

② Olivier Aurenche et al., "Chronologie et organisation de l'espace dans le Proche Orient," *Préhistoire du Levant,* Colloque CNRS no. 598（Lyons, 1980）, pp. 7-8.

③ Rainer Protsch and Rainer Berger, "Earliest Radiocarbon Dates for Domesticated Animals," *Science* 179, no. 4070（1973）: 237; Sandor Böyönyi, Robert J. Braidwood, and Charles A. Reed, "Earliest Animal Domestication Dated?" *Science* 182（1973）: 1161.

纪念性建筑，同样装饰有壁龛和泥钉制成的马赛克。① 在器物中还发现了相同的陶制容器，它们皆有典型的形状和装饰，例如：绘有或刻画有相同图案的四足罐。② 需要特别指出的是，每个遗址均出土了大量粗制的斜面碗，这可能是分配食物的量器。③ 在这五座城市中出土的印章和封泥也十分相似，均带有相同的图案。它们都刻画了长胡子的美索不达米亚祭司王，即所谓的"恩"，他穿戴着典型的服饰———一件网状织物的长袍和一块圆头巾。④ 除铁罗之外，这五座遗址不仅出土了盛放陶筹的封球，还出土了压印泥版。出土了复杂陶筹的城市也有很多相似点——祭司王、公共纪念性建筑、量器、印章和复杂陶筹——这些都意味着精密的行政管理体制的存在。这些器物表明了一种强大的经济体制的出现，这种经济体制由恩领导，他在装饰有马赛克的公共建筑中行使自己的权力，依靠印章、斜面碗和复杂陶筹来控制物品。

---

① Henri de Genouillac, *Fouilles de Telloh*, vol. 1, *Epoques présargoniques*（Paris: Paul Geuthner, 1934）, p. 64; M 46, p. 151 and pl. 89; P. P. Delougaz and Helene J. Kantor, "New Evidence for the Prehistoric and Protoliterate Culture Development of Khuzestan," *The Memorial Volume of the Vth International Congress of Iranian Art and Archaeology*, vol. 1（Tehran, 1972）, p. 27; André Finet, "Bilan provisoire des fouilles belges du Tell Kannas," *Annual of the American Schools of Oriental Research* 44（1979）: 93.

② Eva Strommenger, "The Chronological Division of the Archaic Levles of Uruk-Eanna Ⅵ to Ⅲ / Ⅱ : Past and Present," *American Journal of Archaeology* 84, no. 4（1980）: 485–486; Louis Le Breton, "The Early Periods at Susa, Mesopotamian Relations," *Iraq* 19, no. 2（1957）: 97–113; Delougaz and Kantor, "New Evidence," pp. 26–33.

③ Hans, J. Nissen, *Grundzüge einer Geschichte der Frühzeit des vorderen Orients*（Darmstadt: Wissenschaftliche Buchgesellschaft, 1983）, pp. 92–93.

④ M 43, pl. 18: 695; Delougaz and Kantor, "New Evidence," p. 32, pl. Ⅹ c. 一块出土自哈布巴卡比拉的椭圆形垂饰上出现了"恩": 72 Hb 102（私下交流，Eva Strommenger）。

装饰有圆锥马赛克的建筑物、斜面碗、滚印和恩的图案均源自美索不达米亚,而在伊朗和叙利亚则是舶来品,这一点非常重要。事实上,这些在乌鲁克的埃安那区是标志性的事物。泥钉马赛克是埃安那公共建筑物带有装饰的最早证据,而地层Ⅵ则出土了大量的陶筹,从这个角度来讲,二者存在的相关性就具有更加重大的意义。[1]农业生产是出土了朴素陶筹的遗址的共同特征,而出土了复杂陶筹的城市有相同的行政管理机制,这些机制与南美索不达米亚有特殊的关系。

作为陪葬品的陶筹

算筹偶尔与冥器放在一起,坟墓很可能提供了陶筹使用者的背景信息。

遗址

陶筹有时也出现在公元前6千纪至公元前4千纪的墓穴中。在索万、阿尔帕契亚、乔拉、朱兰和哈杰吉菲鲁兹五个遗址的墓穴中均发现了陶筹,其中前三座遗址位于美索不达米亚北部[2],后两座

---

[1] UVB 3, pls. 10 and 13.

[2] Faisal El-Wailly and Behnam Abu Es-Soof, "Excavations at Tell es-Sawwan, First Preliminary Report (1964)," *Sumer* 21, nos. 1-2 (1965): 26, 28; M. E. L. Mallowan and J. Cruikshank Rose, "Excavations at Tell Arpachiyah, 1933," *Iraq* 2, pt. 1 (1935): 40; Arthur J. Tobler, *Excavations at Tepe Gawra*, vol. 2, University Museum Monographs (Philadelphia: University of Pennsylvania, 1950), Grave 181 (pp. 117-118, 205, pls. XCⅥ.a: 2, 3, 5, 7-12 and CLXXIX: 53), Locus 7-58 (pp. 116, 120, 170 and pl.LXXXIV.c.), Tombs 102, 107, 110, and 114 (pp. 84-85, 94-96, pls. XXⅡ, XXⅦ, and XLⅥ.a).

位于伊朗境内。① 因此，这一习俗传承于一个广泛的地理区域之内，而不是在某一区域内部发展而来。

墓穴

在这五座遗址中，出土了陶筹的坟墓数量很少。在索万发掘的大约 130 座墓穴中，只有 4 座发现了算筹。而在哈杰吉菲鲁兹的 14 座墓穴、阿尔帕契亚的 50 座欧贝德时期的墓穴、乔拉ⅩⅦ的 30 座墓穴和乔拉Ⅺ的 5 座墓穴中，把陶筹作为了陪葬品的均只有 1 座。乔拉Ⅹ的 80 座墓穴中，只有 4 座发现了算筹。发现了陶筹的墓穴的总数加起来还不到 12 座。

发现了算筹的墓穴有几种类型。在哈杰吉菲鲁兹，陶筹与关节脱落的骨骼混在一起，存放在多个墓穴之中；② 在索万、阿尔帕契亚以及乔拉ⅩⅦ和Ⅺ，那些发现了陶筹的墓穴中，墓穴的结构非常简单，只是在地面上挖了一个浅坑。③ 在乔拉Ⅹ，陶筹则存放在由砖块或石头围砌的精致墓穴中。④

发现了陶筹的各种墓穴或属于成年男性，或属于儿童，只有哈杰吉菲鲁兹的除外——墓穴中的四位死者可能有一位是年轻的女性。⑤ 几乎所有发现了陶筹的墓穴均显示出了一些不同寻常的特征，

---

① Peder Mortensen, "Additional Remarks on the Chronology of Early Village-Farming Communities in the Zagros Area," *Sumer* 20 (1964): 28-36; Voigt, *Hajji Firuz Tepe*, p. 87, HF 68-122, 170, 171, 189, 195.

② Voigt, *Hajji Firuz Tepe*, pp. 86-87, H12 B3.

③ El-Wailly and Abu Es-Soof, "Excavations," p. 23; Mallowan and Cruikshank Rose, "Excavations," p. 35; Tobler, *Excavations*, pp. 106-107.

④ Tobler, *Excavations*, pp. 70-75, pls. XXIV and XLVI.a.

⑤ Voigt, *Hajji Firuz Tepe*, p. 254.

这一点令人感到非常惊奇。第一组墓穴装饰非常华丽。其中，索万的墓穴有大量的石膏容器，还有两个有贝壳或玛瑙制成的装饰物。① 在乔拉，地层XI的儿童墓穴非常特别，里面有黄金饰品。② 在乔拉的地层X，墓穴102、110、114是该遗址最富有的墓穴，里面有黑曜石、蛇纹岩和金银合金制成的容器，纽扣状、珠状和玫瑰形金饰，还有石质权标头和天青石印章。③

第二组墓穴具有特殊的建筑特点。例如，在哈杰吉菲鲁兹，人骨与陶筹堆放在一个小的、独特的建筑物里，这在上文已经描述过。④ 第二个例子是乔拉的墓穴107，这是一座成年男性的墓穴，非常独特，因为在他的遗体上方建有一个神龛。⑤ 在这个例子中，陪葬品有六个球体——别无其他（图8）。乔拉XVII的一座墓穴最令人疑惑，它的主人膝盖以下被截了肢。⑥ 阿尔帕契亚的墓穴是唯一一座出土了陶筹，却没有其他独特之处的墓穴。

陶筹

陶筹有多种类型和亚型，但在墓穴中发现的只有四种类型：圆锥体、球体、四分之三球体和微缩容器形。在这些类型当中，球体最为常见，在14座墓穴中有10座发现了球体，总计49个。只有

---

① El-Wailly and Abu Es-Soof, "Excavations," pp. 26, 28.
② Tobler, *Excavations*, p. 199, pl. CLXXV, and figs. 74-76.
③ Ibid., pp. 94-96, pls. LIII .b, c, e; LV .a: 1 and 4; LVIII .a: 1 and b: 3; LIX .a: 6-8; CIII: 7-8; CIV: 13-14, 20-21; CVI: 37-38; CVII: 55-56; CVIII: 58, 60, and 65.
④ Voigt, *Hajji Firuz Tepe*, pp. 146-151, Structure VI.
⑤ Tobler, *Excavations*, pp. 110-111.
⑥ Ibid.

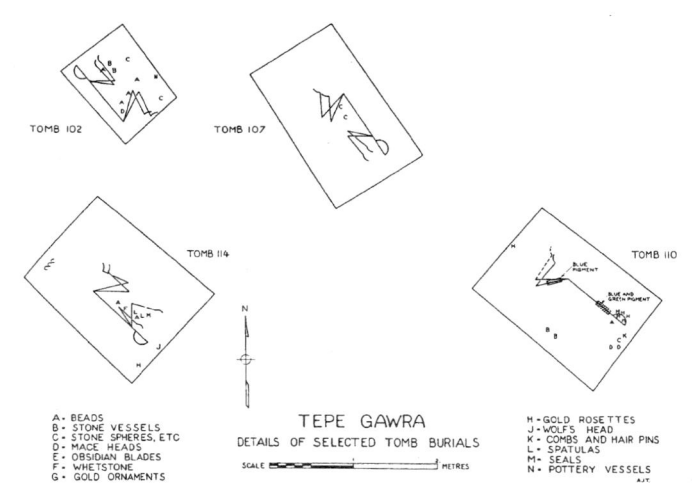

图 8. 所选墓穴的细节（墓穴 102、107、110、114）。阿瑟·托布勒复制，载于 *Excavations at Tepe Gawra*, vol. 2, University Museum Monographs（Philadelphia: University of Pennsylvania Press, 1950）, pl. ⅩⅩⅦ；由宾夕法尼亚大学博物馆提供。

3 座墓穴出土了圆锥体，总计 44 个，四分之三球体和容器形只在 1 座墓穴中出现过。

每座墓穴通常只出土一种类型的陶筹，这成了一条规律。例如，索万的三座墓穴中只存放了球体，而第四座则存放有一个圆锥体；[1] 乔拉的墓穴 107 和 110 也只存放了球体，而地层ⅩⅤⅡ的墓穴中则只有圆锥体。[2] 然而，乔拉的墓穴 102 却出土了球体和圆锥体两种类型。[3]

---

[1] El-Wailly and Abu Es-Soof, "Excavations," pp. 28, 26.
[2] Tobler, *Excavations*, pp. 84-85, 116.
[3] Ibid., pp. 84-85.

墓穴中出土的陶筹与聚居区发现的陶筹，它们的形状完全一致。作为陪葬品的陶筹与日常生活中所使用的陶筹，二者的唯一区别就是，前者常由石头制成，而不是黏土。14座墓穴中有9座出土了石筹，总计66个，而黏土制成的陶筹只有41个。石筹通常精雕细琢，显示出了高超的手工技艺。以球体为例，它们制作得相当圆润。只在乔拉的一个实例中，球状的算筹——报告中的"鹅卵石"——制作比较粗糙。[1] 在另一个实例中，六片红色的碧玉仿佛是有意制成算筹的，但却从未完工。[2] 用来制作陶筹的石头，其颜色很可能有特定的含义：除两个红色球体（或"鹅卵石"）[3] 和一个黑色球体之外，[4] 其余球体均为白色。每座墓穴中陶筹的数量不等，数量最少的墓穴在阿尔帕契亚，只有一个球体，数量最多的在乔拉ⅩⅦ，有34个圆锥体。在乔拉Ⅹ的四座墓穴中，有三座均发现了六个一组的球体（"鹅卵石"），这表明，该数字很可能有特定的含义。

在墓穴中放置特定类型、材质、颜色，尤其是特定数量的陶筹，这种习俗具有特殊的意义，因为在近东的一些地区，这种习俗已经持续了3000年。更重要的是，这将在第六章详述，这种习俗能够使我们了解到陶筹作为身份象征的重要作用。从随葬物品可以看出，陶筹只在有限的几种情况下出现，并且只在有身份的人的墓穴中出现，这些都表明了它们在经济方面的意义。陶筹很可能是一

---

[1] Tobler, *Excavations*, p. 94.
[2] Ibid., pp. 84, 96.
[3] Ibid., pp. 84–85.
[4] El-Wailly and Abu Es-Soof, "Excavations," p. 28.

种手段，可以把物品控制在有权势的人手中。

现在我们可以大致勾勒出一幅图画，画的内容是与陶筹的使用有关的背景情况，包括地点和使用者。最初，朴素陶筹在露天的场合使用，人们在那儿种植农作物，至少是要堆放粮食；而复杂陶筹则源自南美索不达米亚的神庙。朴素陶筹一直是农业社会的一个共同特点，一直延续到这种体制的终结，而复杂陶筹则只在行政管理中心出现。自公元前5千纪始，在公共建筑和仓库中总能找到陶筹。当陶筹出现在居民区时，算筹总是在贮藏区成堆出现。放在原始位置的陶筹，数量通常从12到75不等，这表明，无论在私人建筑还是在公共建筑，算筹的数量从来都不是很多。封球和垂饰的发明导致了滚印的产生，在滚印未发明之前，陶筹很可能一直被存放在皮袋中。很明显，陶筹未被重复使用，一旦交易完成，它们就被丢弃。甚至有些证据表明，收获季节一过，算筹即被丢弃。陶筹有时与其他的身份象征一起被放置在有地位的人的墓穴中。这表明，有权势的人在使用陶筹。

第三章　陶筹串和封球

> 凑近耳朵……摇动［泥球］时……，人们能听到里面的细小物体互相撞击的声音。有些标本在发掘时被打碎了，里面各种形状的小的赤陶器物显露了出来：谷物形、圆锥体、金字塔形、直径一厘米的小球体。
>
> ——梅克南[①]

公元前 4 千纪早期，人们发明了两种把陶筹存储为档案的方法。第一种是把打孔的陶筹穿成串；第二种是把算筹封存在黏土封球里。两种方法均能保证代表某一账目的陶筹能够完好无损地存放在一起，并且能够通过印章来确认交易的进行。若不是因为它们在文字起源方面的重要性，可能只有一小部分学者会关注这两种方法。

[①] "En secouant [les boules de terre crue] près de l'oreille, on entend le bruit de petits objects s'entrechoquant dans la cavité intérieure; plusieurs d'entre elles ayant été rompues dans le dégagement, nous avons reconnu la présence de petites masses d'argile cuite aux formes variées: grains, cones, pyramides, pastilles de 1 cm. de diamètre." R. de Mecquenem, "Fouilles de Suse," *Revue d'Assyriologie et d'Archéologie Orientale* 21, no. 3（1924）: 106.

第三章　陶筹串和封球

陶筹串

打孔陶筹

有些陶筹被一个孔洞打穿（图9）。这些打孔的器物在地理和时间上的分布表明，这并不是一种普遍现象，而是只限于复杂陶筹。打孔陶筹的地理分布与复杂陶筹的接近。在土耳其和巴勒斯坦未找到打孔陶筹，但它们在伊拉克、伊朗和叙利亚的某些遗址中却出现过。在早期，朴素陶筹中偶尔出现过打孔陶筹，但在公元前4千纪，它们的数量迅猛增长。例如，乌鲁克出土了119个打孔陶筹，占器物总量的14.7%，苏萨出土了189个（27%），哈布巴卡比拉出土了118个（84%）。

实心垂饰

很显然，打孔之后，代表特定交易的陶筹可以用线或带子穿在一起。倘若这种观点是正确的，那么我们可以想象得出，线的两端是系在一起的，然后盖上印章来确认账目，以防篡改。一组小垂饰上带有封泥，它们很可能就是这个用途（图10和图11）。垂饰是黏土制成的实心物体，有椭圆体和双圆锥体，长约7厘米，直径约5厘米。垂饰的上面有封泥，两端有系在一起的线的痕迹。

人们通常认为，垂饰是系在货物包装上的标签。[①] 垂饰的地理分布与复杂陶筹大体一致，这一事实证明了它们可能是存储陶筹的

---

① M 43, p. 70.

一种方式。在苏萨、①舒加米什②和哈布巴卡比拉,③复杂陶筹和实心垂饰处在相同的地层和区域,尽管发掘报告并未指出它们之间存在直接的联系。④哈布巴卡比拉出土的打孔陶筹数量最多,而在这里发现的垂饰的数量也最多,但乌鲁克却未出土过垂饰,打孔陶筹的数量也很少,这一点可能具有一定的意义。另外,垂饰两端的印记也表明了,穿过垂饰的线很细,很容易就能穿过陶筹上面的孔洞。最后,它们的样子与下面将要描述的封球非常相似,这并不是一种偶然现象。这两种物体的外观非常相似:它们由相同的材料制成,大小相同,有时还做成相同的椭圆体。它们还带有相同的印记,有相似的图案,包括用线条刻画的温驯动物和与印章上姿势相同的狮子,还有工作中的人。事实上,同样的印记出现在了两种器物当中。例如,在苏萨,有一块印章上面刻有一排温驯动物和一排猫科动物,而在一个实心垂饰和两个封球表面同样压印有这块印章的印记。⑤压印在实心垂饰和封球表面的印章的数量相同:大多数只有一个填满整个表面的印记,偶尔有两个或三个。另外,在苏萨、哈布巴卡比拉、卜拉克和莎贾尔巴扎尔,实心垂饰表面压印的标记与

---

① M 43, 510, 540, 541, 544. 547, 567, 585, 599, 644, 649, 665; Dafi 8a, pp. 20-21, pl. V; Dafi 9b, p. 72.

② P. P. Delougaz and Helene J. Kantor, "New Evidence for the Prehistoric and Protoliterate Culture Development of Khuzestan," *The Memorial Volume of the Vth International Congress of Iranian Art and Archaeology*, vol. 1 (Tehran, 1972), p. 27.

③ Eva Strommenger, *Habuba Kabira* (Mainz am Rhein: Verlag Philipp von Zabern,1980), p. 63 and fig.57.

④ 在苏萨,一个打孔陶筹与一个垂饰被放在同一区域:J-4,房间 830: Dafi 9b, p. 142, fig. 40:9, and p. 64.

⑤ Dafi 8a, p. 35.

第三章　陶筹串和封球　　*61*

封球表面的也很相似，这将在本章的后面详加论述。[①]就像下面将要讨论的那样，有些封球也可能包含有陶筹串。

然而，这两种手工制品有两个最大的区别。第一，封球是中空的，而垂饰是实心的。第二，封球更倾向于存储朴素陶筹，而复杂陶筹则多穿成串。更确切地说，封球中封存的83.69%的陶筹是朴素陶筹，只有10.57%是复杂陶筹（5.74%的陶筹暂未确定）。另外，复杂陶筹中的打孔陶筹比朴素陶筹中的多。需要强调的是，

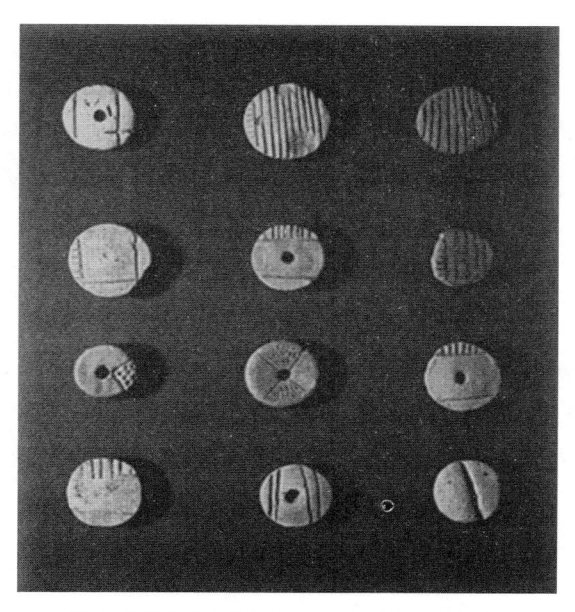

图9. 盘状物（有些打了孔），伊拉克，乌鲁克。
由柏林国家博物馆，古代亚洲博物馆提供。

---

① 在苏萨：Sb 1945 bis 和 4850。在哈布巴卡比拉：Eva Strommenger, "Habuba Kabira am syrischen Euphrat," *Antike Welt* 8, no. 1（1977）: 19, fig. 13b.

图 10. 两个垂饰，伊朗，苏萨（Sb 6298 和 9279）。
由卢浮宫，古代东部提供。

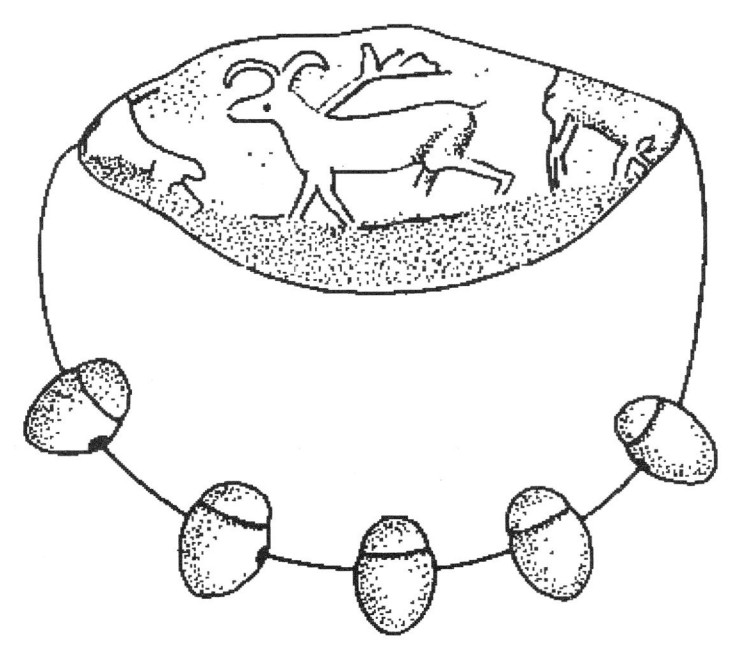

图 11. 穿在实心垂饰上的陶筹串的再现。
埃伦·西蒙斯绘画。

这两种存储方式也有交叉点。在哈布巴卡比拉和乌鲁克，带有刻画符号的卵形体复杂陶筹被封存在了封球中；在苏萨和乌鲁克，打了点的圆锥体、四面体、三角体、长方体、抛物体和动物形的陶筹也被存放在了封球中。而另一方面，乌鲁克有 13 个朴素陶筹被打了孔，哈布巴卡比拉（包括 35 个圆锥体）有 45 个，苏萨有 14 个。

总之，封球和垂饰在形状和功能上有很紧密的联系，它们很可能代表两种不同的鉴定和保护陶筹档案的方式。可能是由于某些我们暂不知道的原因，朴素陶筹经常由封球包裹起来，而复杂陶筹则经常和垂饰放在一起。

封球

器物

封球是中空的球体或椭圆形球体，由黏土制成，直径在 5 厘米至 7 厘米之间（图 12）。它们的制作非常简单，用手指在黏土球上挖一个洞就成了存放陶筹的空腔，这一点从封球内部遗留下的手指尖的痕迹可以看出来。有些封球成红色，这表明器物经过了烘烤。学者们用电子显微镜和示差热分析的方式检验了苏萨的一个标本，同样证实了这一结论。[①] 与陶筹类似，封球的烘烤温度较低，大约在 700 °C。

---

① 感谢麻省理工学院陶瓷系主任戴维·金奇里的分析。

图 12. 封球和六个带有刻画符号的卵形体
（封球中共有七个带有刻画符号的卵形体），伊拉克，乌鲁克（W 20987.7）。
由德国考古研究所，巴格达部提供。

地理分布和数量

出土了封球的十一个前文字时期的遗址有五个在伊朗境内，即：沙赫达德、亚赫亚、舒加米什、苏萨和法鲁哈巴德，有一个在伊拉克（乌鲁克），一个在沙特阿拉伯（扎兰），一个在以色列（杜马赫），三个在叙利亚（哈布巴卡比拉、谢赫哈桑和格拉亚）。封球的分布较广，横向从伊朗一直延伸到雷凡特，纵向从伊拉克一直延伸到沙特阿拉伯（地图 2）。

第三章　陶筹串和封球

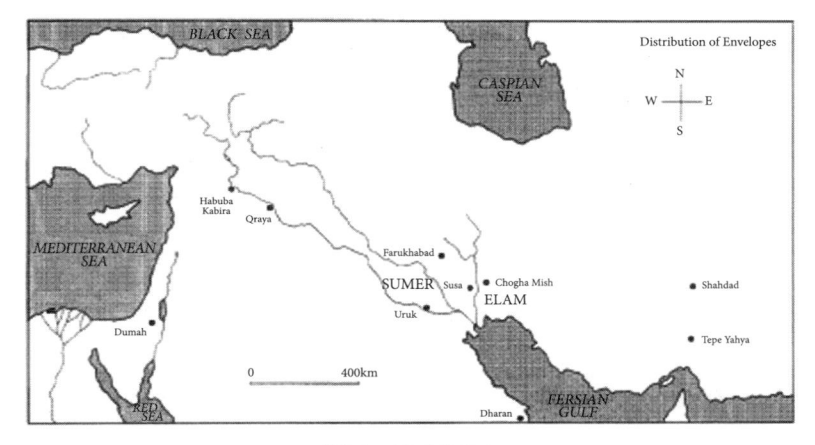

地图 2. 封球的分布

现在已知的封球的总数大约为 130 个，还有 70 个残片。它们中的大多数，约 100 个完整封球和 70 个残片来自伊朗，占总数的 85%。在伊朗境内的遗址中，苏萨出土了 40 个完整封球，15 个不完整封球和 57 个残片。① 除第二季的 8 个完整封球和第三季的 20 多个以外，舒加米什的器物尚未出版。② 法鲁哈巴德、亚赫亚和沙赫达德这三座遗址，每座只出土了 1 个封球。③ 伊拉克境内出土的封球总数为 25 个，全部出自乌鲁克。④ 叙利亚境内出土的封球，2

---

① M 43, pp. 69-70; Dafi 8a, pp. 15-18.

② Delougaz and Kantor, "New Evidence," p. 27.

③ Henry T. Wright, *An Early Town in the Deh Luran Plain*, Memoirs of the Museum of Anthropology, no. 13 (Ann Arbor: University of Michigan, 1981), p. 156; Denise Schmandt-Besserat and S. M. Alexander, *The First Civilization: The Legacy of Sumer* (Austin, Texas: University Museum, 1975), pp. 51, 53; Ali Hakemi, *Catalogue de l'exposition: Lut Shahdad "Xabis"* (Tehran, 1972), p. 20, item 54 and pl. 22A.

④ UVB 21, pp. 30-32 and pls. 17-19.

个出自哈布巴卡比拉，3个出自谢赫哈桑。① 格拉亚出土的封球数量尚未公布。② 以色列境内出土的封球是在古董市场上买到的，据说有两个出自靠近赫卜伦的杜马赫。③ 沙特阿拉伯境内只出土了1个封球，是在地表发现的，发现地邻近扎兰机场。④

年代

封球的使用始于公元前3700年至公元前3500年的中乌鲁克时期，并至少持续了几个世纪之久，法鲁哈巴德⑤和舒加米什的标本可以证明这一点。⑥ 在亚赫亚，封球的使用一直持续到公元前2600年左右。⑦ 哈布巴卡比拉的标本表明，在器物上刻画符号的习俗早在埃安那Ⅵ—Ⅴ时期，即公元前3500年左右，就已经开始

---

① Dietrich Sürenhagen and E. Töpperwein, "Kleinen Funde," Vierter vorläufiger Bericht über die von der deutschen Orientgesellschaft mit Mitteln der Stiftung Volkswagenwerk in Habuba Kabira und Mumbaqat unternommenen archäologischen Untersuchungen, *Mitteilungen der deutschen Orientgesellschaft*, vol. 105 (1973), pp. 21, 26; Denise Schmandt-Besserat, "Tokens, Envolopes and Impressed Tablets at Habuba Kabira," in Eva Strommenger and Kay Kohlmeyer, eds., *Habuba Kabira Süd—Die Kleinen Funde*, Wissenschaftliche Veröffentlichung der deutschen Orientgesellschaft（即将出版）; Johannes Boese, "Excavations at Tell Sheikh Hassan, Preliminary Report on the 1987 Campaign in the Euphrates Valley," *Annals Archéologiques Arabes Syriennes* 36-37 (1986-1987): 77, fig. 36a, b.

② Stephen Reimer, "Tell Qraya," *Syrian Archaeology Bulletin* 1 (1988): 6.

③ Collection of Shucri Sahuri, Amman, Jordan.

④ Collection of Thomas C. Barger, La Jolla, Calif.

⑤ Wright, *An Early Town*, p. 156.

⑥ Delougaz and Kantor, "New Evidence," p. 27; Helene J. Kantor and P. P. Delougaz, "New Light on the Emergence of Civilization in the Near East," *Unesco Courier* (November 1969): 23.

⑦ 私下交流，C. C. Lamberg-Karlovsky.

了。① 这个年代与苏萨的考古发掘所提供的年代信息正好相符，在那里发现的 17 个封球均在地层 18，②1 个在地层 17，③ 分别对应着埃安那 Ⅵ 和 Ⅴ。④ 因此，我们可以说，苏萨的封球与哈布巴卡比拉的封球属于同一时代。有趣的是，一些地层 18 的封球表面带有刻画标记，而地层 17 的则没有。⑤ 因此，标记并不由时间决定。乌鲁克石锥神庙地区出土的封球也正好在埃安那 Ⅵ—Ⅴ 时期。

背景

大多数封球与埃安那 Ⅵ—Ⅳ 的典型器物存放在一起，并且与南美索不达米亚的神庙行政管理机制有一定的联系。乌鲁克的石锥神庙位于伊南那神庙的区域内，在石锥神庙附近的墙内发现了隐藏在里面的 25 个封球。这表明，当人们离弃这个地方时，这里变成了采石场和垃圾场，封球——它们曾是存放在石锥神庙的档案的一部分，和陶筹、封泥、斜面碗⑥一起被丢弃掉了。

苏萨的封球与乌鲁克的相似，同样出土自邻近于神庙的区域，

---

① Eva Strommenger, "The Chronological Division of the Archaic Levels of Uruk-Eanna Ⅵ to Ⅲ/Ⅱ: Past and Present," *American Journal of Archaeology* 84, no. 4 (1980): 485-486; Dietrich Sürenhagen, "Archaische Keramik aus Uruk-Warka. Erster Teil: Die Keramik der Schichten ⅩⅥ-Ⅵ aus den Sondagen 'Tiefschnitt' und 'Sägegraben' in Eanna," BaM 17 (1986): 7-95.

② Dafi 8a, p. 31.

③ Dafi 8b, pp. 62, 78.

④ Reinhard Dittmann, *Betrachtungen zur Frühzeit des Südwest-Iran*, pt. 1 (Berlin: Dietrich Reimer Verlag, 1986), p. 102.

⑤ Dafi 8b, pp. 76, 62.

⑥ UVB 15, p. 21, W 18987; UVB 17, p. 26.

并且是地位比较重要的神庙。根据梅克南的说法，发现这些器物的地点有建筑物，建筑物被分割成多个小室，据推测，它们很可能是神庙的贮藏室或作坊。① 在最近的几季发掘中，学者们找到了 17 个封球，它们与其他行政管理物品（包括实心椭圆形垂饰、压印泥版和斜面碗）放在一起，发现地点是在离神庙中心大庭院三十米远的一座建筑里，该建筑在神庙中很可能起着某种作用。②

在哈布巴卡比拉城的一座最大、最宏伟的建筑中出土了 2 个封球。这座建筑与南美索不达米亚的建筑格局比较相似，但在叙利亚却并不多见，中间是一座庭院，周围是小的房间。发现封球的建筑是遗址中几座与之类似的建筑中的一座。在这座建筑中不仅出土了 2 个封球，封球的里面还存放有带有刻画符号的卵形体，此外，还出土了其他多种用于行政管理的物品，例如：印章和封泥、复杂陶筹、椭圆体的实心垂饰以及 4 块压印泥版。从某种角度来说，这座建筑肯定与南美索不达米亚的行政管理机制有关。

亚赫亚的情况与乌鲁克、苏萨和哈布巴卡比拉相似。同样与一座用于行政管理的建筑有关，并且建筑中能找到朴素陶筹、泥版、斜面碗、鼻柄罐、印章和封泥。③ 但是，在这里发现的印章和封泥均为典型的阿拉米风格，泥版上记的账也是由古阿拉米语写成的。亚赫亚的情况表明，封球在两种背景情况之下出现：或与南美索不达米亚神庙的行政管理机制有关，或与古阿拉米的行政管理机制有关。

---

① M 29, pp. 17, 18.
② Dafi 8a, p. 36; Dafi 9a, p. 14, fig. 1.
③ 私下交流，C. C. Lamberg-Karlovsky.

第三章　陶筹串和封球

保存情况

迄今已发现的封球保存情况各异，大约有 80 个几乎完好无缺，封存在里面的陶筹的数量暂不可知。有几个在出土时比较完整，后来学们者为了了解封球里面封存的物品（表格 1），就用各种不同的方法将它们打开了。在这些打开的封球中，有 4 个出自苏萨，它们被刀子戳破了，[①] 而那些出自亚赫亚的封球却是用另一种截然不同的方法打开的，并且操作得非常谨慎。因此，知道物品确切数量的封球不超过 5 个，或者说只占现有器物的 3%。

有些封球在古时就已经损坏，但在出土时和里面存放的全部或部分陶筹放在了一起（表格 2）。苏萨有 19 个这样的例子，舒加米什的数量不确定，乌鲁克有 5 个，哈布巴卡比拉有 2 个。[②] 在法鲁哈巴德，破损的封球与里面存放的物品未放在一起，但在封球的内壁上能够清楚地看见一个四面体的痕迹。[③] 另外，还有五组陶筹属于破损的封球（表格 3）。第一组有 52 个陶筹，出土自乌鲁克，[④] 第二组有 61 个，出土自舒加米什，[⑤] 其余三组均出土自苏萨，数量分别是 14、7 和 4。[⑥]

[①]　Sb 1927, 1936, 1940, and 4338.
[②]　Susa：Sb 1930, 1938, 1842, 1967, 5340, 6350, 6946, 无参考文献；S.ACR.I.77: 1999.1, 2049.1, 2067.2, 2089.1, 2111.2, 2111.3, 2130.1, 2130.4, 2142.2, 2142.3, 2173.4. Chogha Mish: Delougaz and Kantor, "New Evidence," p. 27, pl. IX a. Uruk：W 20987.3; W 20987.7; W 20987.8; W 20987.15; W 20987.17. Habuba Kabira：M II：133, M II：134.
[③]　Wright, *An Early Town*, p. 156.
[④]　UVB 21, p. 32 and pl. 19b, W 20987.27.
[⑤]　Delougaz and Kantor, "New Evidence," p. 30, pl. IX b.
[⑥]　第一组收藏于卢浮宫：Dafi 8a, p. 18, S.ACR.I.77.2091.2 和 S.ACR.I.77.2067.3.

学者们使用了 X 射线来查验舒加米什、^① 苏萨、^② 扎兰和杜马赫的封球（表格 4），但结果却并不尽如人意。因为陶筹紧贴在一起，一个挨着一个，想要知道确切的数量比较困难，但可以明确地区分出圆形的物体是球体还是盘状物。另外，X 射线不能显示是否有刻画标记或打了点。

封存在封球中的陶筹

存放在封球中的陶筹总计 345 个（表格 5），平均每个封球中有 9 个陶筹。而事实上，每个黏土容器存放的陶筹的数量差别很大，从 2 个到 15 个不等。

存放在封球中的陶筹有十类（图表 2），具体情况如下：圆锥体 8.11%（28 个标本），球体 33.62%（116），盘状物 11.59%（40），圆柱体 16.81%（58），四面体 13.91%（48），卵形体 6.66%（23），长方体 0.29%（1），三角体 0.87%（3），抛物体 2.03%（7），动物形 1.16%（4），形状不明确的 4.93%（17）。没有证据表明，封球中有双圆锥体、卷曲体、菱形体、容器形和工具形的陶筹。但这很可能是因为存放在封球中的陶筹的数量太少的缘故。

---

① Delougaz and Kantor, "New Evidence," p. 27.
② Pierre Amiet, *L'Age des échanges inter-iraniens*, Notes et Documents des Musées de France, vol. Ⅱ (Paris: Ministère de la Culture et de la Communication, Editions de la Réunion des Musées Nationaux, 1986), p. 85 and pls. 29, 31: 7, 8.

表格 1. 完整的封球

	圆锥体	大圆锥体	打了点的圆锥体	球体	大球体	扁盘状物	凸盘状物	高盘状物	圆柱体	四面体	大四面体	打了点的四面体	卵形体	带刻画符号的卵形体	长方体	三角体	抛物体	动物体	形状不明确	总计	标记
苏萨 Sb 1927	3	1					3													7	7
Sb 1936					1	1														2	无
Sb 1940							3	3												6	6
Sb 4338					5															5	无
亚赫亚	1			2																3	3
总计	4	1		2	6	1	6	3												23	

表格 2. 破损的封球

	圆锥体	大圆锥体	打了点的圆锥体	球体	大球体	扁盘状物	凸盘状物	高盘状物	圆柱体	四面体	大四面体	打了点的四面体	卵形体	带刻画符号的卵形体	长方体	三角体	抛物体	动物体	形状不明确	总计	标记
舒加米什	1			1	5															8	无
法鲁哈巴德									1											1	?
哈布巴卡比拉 MII: 133														2						2	11
MII: 134														6						6	6
苏萨 Sb 1930				7																7	无
Sb 1938	3			2	1	1										1				8	+
Sb 1942				2																2	无

续表

	圆锥体	大圆锥体	打了点的圆锥体	球体	大球体	扁盘状物	凸盘状物	高盘状物	圆柱体	四面体	大四面体	打了点的四面体	卵形体	带刻画符号的卵形体	长方体	三角体	抛物体	动物形	形状不明确	总计	标记
Sb 1967				4	2				4	3	2									15	无
Sb 5340									2											2	2
Sb 6350						2	2									1	2			7	6
Sb 6946				6																6	无
No Re				1																1	无
S.ARC.1.77 1911.1						3	8													11	无
2049.1									3											3	?
2067.2	1							1												2	无
2089.1				7					3											10	无
2111.2				1					7											8	无
2111.3									6											6	6
2130.1									7											7	7
2130.4				1	1				1											3	无
2142.2									2											2	3
2142.3				3					5											8	8
2173.4			1	4					1											6	6
乌鲁克 W 20987,3				1			1									1				3	无
W 20987,7													7							7	无
W 20987,8				2						5										7	无
W 20987,15				4		1														5	无
W 20987,17		1		4		1	2	1												9	无
总计	5	1	1	48	3	11	9	1	46	12	3	2	15	1		2	2			162	

第三章 陶筹串和封球

表格 3. 与陶筹分离的封球

	圆锥体	大圆锥体	打了点的圆锥体	大球体	球体	扁盘状物	凸盘状物	高盘状物	圆柱体	四面体	大四面体	打了点的四面体	带刻画符号的卵形体	卵形体	长方体	三角体	抛物体	动物体	形状不明确	总计
苏萨 No. N. ber				8		1				1	3								1	14
ACR 067.3	3					1														4
ACR 091.2	1					6														7
舒加米什	12			13	2	10				11	8			1					4	61
乌鲁克 W20987.27				26		1	8	1				5	3		2	4	2			52
总计	16			47	2	11		9	22	9		5	3		3	5	2	4		138

表格 4. X 光检测到的陶筹

	圆锥体	大圆锥体	打了点的圆锥体	大球体	球体	扁盘状物	凸盘状物	高盘状物	圆柱体	四面体	大四面体	打了点的四面体	带刻画符号的卵形体	卵形体	长方体	三角体	抛物体	动物体	形状不明确	总计	标记
扎兰																			10	10	
杜马赫																			3	3	
苏萨 Sb 1932				7	1	1														9?	9
总计				7	1	1													13	22	

表格 5. 总量

	圆锥体	大圆锥体	打了点的圆锥体	球体	大球体	扁盘状物	凸盘状物	高盘状物	圆柱体	四面体	大四面体	打了点的四面体	卵形体	带刻画符号的卵形体	长方体	三角体	抛物体	动物形	形状不明确	总计	标记
完整的封球	4	1		2		6	1	6	3												23
破损的封球	5	1	1	48	3	11	9	1	46	12	3	2		15	1		2	2			162
与陶筹分离的封球	16			47	2	11			9	22	9		5	3		3	5	2	4		138
X光检测到的陶筹				7?		1?	1?												13?		22?
总计	25	2	1	104	12	24	15	1	58	34	12	2	5	18	1	3	7	4	17		345

图表 2. 封球中的陶筹

朴素陶筹		
1. 圆锥体	2. 球体	3. 盘状物
4. 圆柱体	5. 四面体	6. 卵形体	7. 长方体

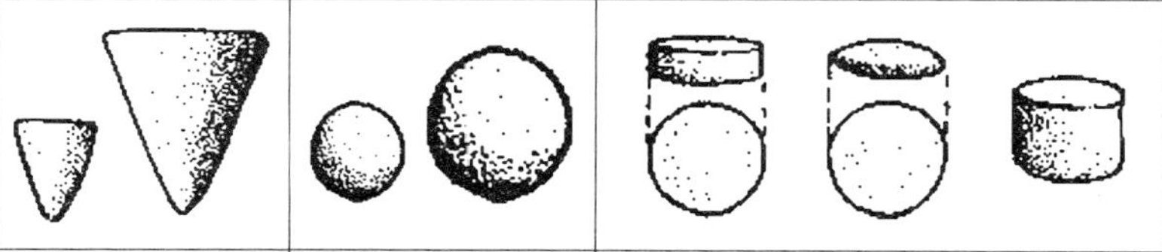

续表

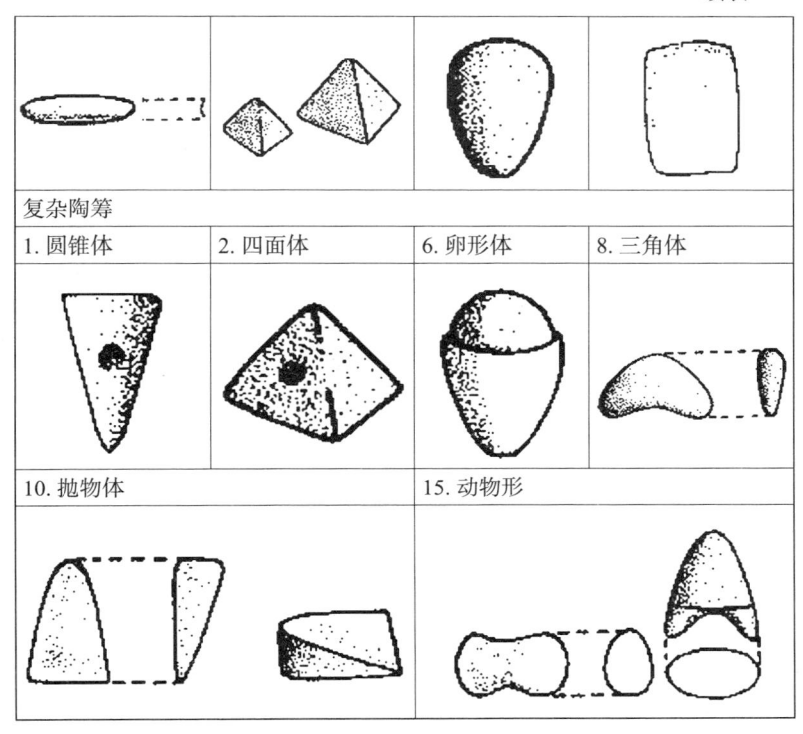

复杂陶筹			
1. 圆锥体	2. 四面体	6. 卵形体	8. 三角体
10. 抛物体		15. 动物形	

圆锥体、球体和四面体有大小两种；盘状物有扁平的，有凸起的，还有高一些的；再加上带有刻画符号的卵形体和动物形的陶筹，打了点的圆锥体和四面体，陶筹亚型的数量共计19种。在这19种亚型中，有12种是朴素亚型，其余7种是复杂亚型。前者包括圆锥体、大圆锥体、球体、大球体、扁盘状物、凸盘状物、高盘状物、圆锥体、四面体、大四面体、卵形体和长方体。后者包括打了点的圆锥体、打了点的四面体、带有刻画符号的卵形体、三角

体、抛物体和两种动物形的陶筹。在345个封存在封球内的陶筹中，有287个为朴素陶筹，32个为复杂陶筹，26个形状不明确（包括22个通过X光观察到的陶筹，它们显示不出刻画符号）。换句话说，存放在封球内的83.19%的陶筹是朴素陶筹，9.28%的是复杂陶筹，7.54%的陶筹形状不明确。

封存在封球中的陶筹的类型和亚型与散放的陶筹相同。另外，存放在黏土容器中的陶筹也包含两种大小，例如：球体和大球体，它们有相同的标记，或是带有刻画符号，或是打了点。因为所收集到的标本的数量不多，因此可选择性比较小。

标记

黏土容器通常盖有负责人的印章，把陶筹存放在这样的容器中有很大的优势。大多数封球表面压印有印章的印记。通常情况下，一个滚印要压印在器物的整个表面（图13），但也有同时使用两个或三个不同印章的例子。封球最大的不足就是，它们隐藏了里面的算筹：一旦陶筹被封存起来，人们就再也看不到它们了。若用线把陶筹穿起来，人们在任何时候都能查验它们，而在不打破封球或不破坏封泥的情况下，想要查验里面的陶筹几乎是不可能的。只有发明标记系统才能克服封球带来的难题。"标记"这个词用来指称封球表面的记号，"符号"用来指称泥版表面的记号。

在描述这些丰富多彩的标记之前，还要强调一下，带有标记的标本的数量只有19个，占所有器物总数的9%。迄今为止，有三座遗址被证实出土了带有标记的封球：苏萨、哈布巴卡比拉、亚赫亚。带有标记的封球数量稀少，这可能要归因于发掘的运气欠佳，

第三章　陶筹串和封球

图 13. 带有滚印印记的封球，伊朗，苏萨（Sb 1935）。
由卢浮宫，古代东方部提供。

另一方面，也可能是因为这种封球的使用不够广泛。

有一种方法可以显示出封球里面封存的东西，那就是把陶筹嵌在容器表面——假设它们与被封存起来的物品一致，也就是说，在封球未干时，把算筹嵌在黏土的表面上。苏萨就出土了一个这样的封球残片，它的表面嵌有两个朴素圆柱体（图 14）。[1] 这种方法可能并未被广泛使用，因为只发现了一个孤例。

有 14 个封球，其中包括苏萨出土的 12 个[2] 和哈布巴卡比拉的 2 个，它们的表面上均压印有标记，那些标记是在黏土尚未干透的时候压印上去的。标记是一一对应的，也就是说，每个封存起来的

---

① Sb 5340.
② Sb 1927, 1940, 2286, 6350; S.ACR.I.77.2089.1, 2111.3, 2130.1, 2130.2, 2142.2, 2142.3, 2162.1, 2173.4.

图 14. 表面嵌有陶筹的封球，伊朗，苏萨（Sb 5340）。
由卢浮宫，古代东方部提供。

陶筹由容器表面的一个标记来表示。例如，一个封球中若有六个陶筹，它的表面就有六个标记。所有的完整封球均证明了这一点——表面的标记数量与封存起来的陶筹的数量相等。换句话说，只有破损的封球表面的标记与里面的陶筹的数量出现了偏差。

标记不仅能标示被封存起来的陶筹的数量，还能显示它们的形状。以苏萨 Sb 1940 为例，它的里面包含 3 个凸盘状物和 3 个圆柱体，它的表面就压印有 3 个圆形的和 3 个长的标记（图 15）。有 9 个陶筹的亚型是通过压印在 13 个封球表面的标记体现出来的，包括：小圆锥体、大圆锥体、打了点的圆锥体、球体、凸盘状物、圆柱体、带有刻画符号的卵形体，还可能包括抛物体和动物形的陶筹。经过详细的调查研究之后，学者们发现，除球体和盘状物之外，用来体现各种陶筹的标记并没有系统性。球体和盘状物的陶筹由不同的圆形标记来体现，前者是一个深深的印，后者则又宽又浅。代表圆锥体的标记有多种方式，或用侧面、① 或用顶部、② 或用底部 ③ 来压印。若陶筹为一个大圆锥体并且打了点，则采用最后一种方式，标记为浅圆形，直径比凸盘状物的要大。圆锥体用长的楔形来表示。封球表面的椭圆形压印标记代表带有刻画符号的卵形体，在直径最大处还有一条小沟，是刻画出来的。

图 15. 带有压印标记的陶筹，标记的数量与封存在里面的陶筹的数量相等，伊朗，苏萨（Sb 1940）。由卢浮宫，古代东方部提供。

有很多种方式可以在柔软的封球表面压印上标记。哈布巴卡比拉的 M Ⅱ：134 代表的是一种最直接的方式，在陶筹被封存在封球里面之前，把陶筹压印在封球表面。学者们对这种技术没有丝毫的怀疑，因为在哈布巴卡比拉发现的带有刻画符号的卵形体与黏土容

---

① Sb 1927.

② Ibid.

③ Dafi 8a, fig. 3:3.

器表面遗留下来的椭圆形凹痕正相符合——该黏土容器是5500年前的器物（图16）。因此，学者们推测，把陶筹实物嵌在封球表面的做法对当时的人们来说可能具有一定的启发作用，在这之后他们就使用阴文来表现被封存起来的陶筹。哈布巴卡比拉的另一个封球和苏萨的大多数封球显示了另外一种传递信息的方式——标记并不是陶筹压印在封球表面形成的，而是用小棍儿或笔刻写在封球表面的。① 最后，苏萨的一个封球表面有手指尖（？）压印出来的圆形痕迹，这表明，标记很可能是用大拇指压印上去的。②

图 16. 带有压印标记的封球，标记由带有刻画符号的卵形体压印而成，叙利亚，哈布巴卡比拉（MⅡ:134）。克劳斯·安格尔拍摄。由柏林，史前和古代历史博物馆提供。

---

① MⅡ:133.
② Sb 1940.

另一种方法是在黏土已经干透的情况下在封球表面做标记（可能是事后补上去的？）。因此，那些标记是刻画上去的，而不是压印上去的，这就更难呈现出算筹的形状了。在用这种方法做标记的两个标本中，标记的数量与陶筹的数量相当，但形状却不相符。第一个标本是在亚赫亚出土的，三个符号并没有多大区别，它们分别代表两个球体和一个圆锥体（图17）。第二个标本出土自苏萨，并没有任何迹象表明，标记要与六个球体的形状相符合，上面只有简单的六个笔画而已，而一个圆圈和一个三角形的压印标记分别代表一个大球体和一个扁盘状物，这是显而易见的。①

另外七个出土自苏萨的标本在直径最大的地方打了孔。② 曾有学者认为，打孔可以防止器物在烘烤时发生碎裂。③ 然而，这些孔更有可能是为了能让线穿过去。用线穿起来的陶筹的副本与封存在封球中的陶筹，二者的数量相同。因此，在封球上打孔也可能是标示封球内物品的另一种方式。

除一种方式之外，在其他所有方式中，封球表面传递信息的标记均与封球内封存的陶筹的数量和类型相吻合。苏萨出土了一个封球，它的表面刻画有一个十字，X光显示里面有八个陶筹。④ 在这个标本中，符号显然并不代表被封存的陶筹的数量和形状。相反，这很可能代表一次交易，也可能是记账者的记录。

---

① Sb 1932.
② Sb 1928, 1929, 1936, 1944, 1950, 1974 and 1978.
③ Mona Spangler Phillips, "The Manufacture of Ancient Middle Eastern Clay Envelopes," *Technology and Culture* 24, no. 2（1983）: 256-257.
④ Sb 1936.

图 17. 带有三个标记的封球，标记是在黏土干透后刻画上去的，伊朗，亚赫亚。由哈佛大学，皮博迪博物馆提供。

有趣的是，人们发明了多种方式来标示封球中的陶筹：（1）把陶筹嵌在表面；（2）把陶筹压印在柔软的黏土表面；（3）用小棍儿或笔压印出符号；（4）用拇指压印；（5）在黏土干透时刻画；（6?）用线穿起来。大多数方式都消失了，并未流传下来。但是陶筹的压印痕迹和用钝的笔刻画出来的标记却转移到了最初的泥版之上，它们就是文字的源头。作为陶筹副产品的封球以一种最不可思议的方式完成了这项转移工作。它们开启了三维陶筹转化成二维书写符号的大门。这种独特的方式对信息的交流起到了非常重要的作用。

第四章 压印泥版

当我们思考文字最初的用途时,很显然,它很可能首先与权力有关:它被用来记录财产清册、目录、人口信息、法律和法规;在任何情况下,不论是用来记录物质财产还是记录与人有关的信息,它都是某些人控制另一些人和社会财富的证据。

——克洛德·莱维-斯特劳斯[①]

黏土封球表面的标记系统开创了陶筹系统的新阶段。首先,压印记号从属于算筹,但当带有压印记号的实心黏土泥版代替了中空的、用来存放陶筹的封球时,记号最终取代了算筹。压印符号使陶筹的形状得以延续,但它们的作用却完全不同。封球表面的标记只是重复封存在里面的陶筹所表达的信息,而压印在泥版上的符号本身就是一种信息。早期的泥版是发明文字的关键步骤,甚至可以算得上是一次信息交流技术的革命。本章讨论最早的、带有陶筹形状的符号的泥版。我将列举那些出土器物的数量,并详述它们的地理分布(地图3)、背景情况和年代。我还要描述泥版的情况和它

---

① Georges Charbonnier, *Conversations with Claude Lévi-Strauss* (London: Cape Editions, 1973), p. 30.

们表面的符号。更重要的是，我将追溯从陶筹演变到封球表面的标记，再演变到泥版表面的压印符号的过程。最后，我还要说明，压印符号是苏美尔象形文字的直系前身。

数 量

本书所涉及的压印泥版，包括完整泥版和泥版残片，总计240块。它们中的大多数，约150块，出土自伊朗境内。另外90块泥版出土自苏萨，是在1912年至1977年连续多季的发掘中出土的。[①]42块出土自朱丁，[②]13块出土自西阿勒克，[③]1块出土自塔利加齐尔。[④]不明数量的压印泥版中有6块出土自舒加米什，并且已经出版。[⑤]伊拉克的标本数量大约有67块，乌鲁克的压印泥版有65

---

① M 17, p. 1; M 43, pp. 68-69; Dafi 1c, p. 236, fig. 43; Dafi 3, pp. 93-94, fig. 14; Dafi 8a, pp. 18-20, pl. Ⅳ, fig. 4.

② Harvey Weiss and T. Cuyler Young, Jr., "The Merchants of Susa: Godin Ⅴ and the Plateau Lowlands Relations in the Late Fourth Millennium B. C.," *Iran* 33 (1975): 8-11.

③ Roman Ghirshman, *Fouilles de Sialk*, vol. 1 (Paris: Paul Geuthner, 1938), pp. 65-68, pls. ⅩCⅡ-ⅩCⅢ.

④ Donald S. Whitcomb, "The Proto-Elamite Period at Tall-i Ghazir, Iran," master's thesis, University of Georgia, Athens, 1971, p. 31, pl. ⅪA.

⑤ P. P. Delougaz and Helene J. Kantor, "The Iranian Expedition: Chogha Mish Excavations," in *The Oriental Institute Report for 1967-1968* (Chicago: Oriental Institute, University of Chicago), p. 11; Helene J. Kantor, "Excavations at Chogha Mish," *The Oriental Institute Report for 1974-1975* (Chicago: Oriental Institute, University of Chicago), p. 22; Helene J. Kantor, "Excavations at Chogha Mish: 1974-1975," *Second Annual Report* (Los Angeles: Institute of Archaeology, University of California), pp. 10, 17: 6-7.

块，并且均有详细记录。① 海法杰只有 1 块，② 尼尼微有 1 块残片。③ 出土自叙利亚境内的有 25 块，其中 10 块出土自哈布巴卡比拉，④13 块出土自杰贝勒阿鲁达，⑤1 块出土自卜拉克，⑥1 块出土自马瑞。⑦

背景情况

在出土了压印泥版和封球的遗址中，这两种器物均是在相同的

---

① UVB 3, p. 29, pl. 19b; UVB 4, p. 28, pl. 14c-h (W 9656 h, ea; W 9656 eb); UVB 5, p. 14, pl. 14b, d (W 14148, 14210); UVB 8, p. 51, pl. 51c (W 16184); UVB 17, p. 56 (W 19727); Adam Falkenstein, "Zu den Inschriften der Grabung in Uruk-Warka, 1960–1961," BaM 2 (1963): 2 (W 20239); UVB 20, p. 23, pl. 26g, 28c (W 20777); UVB 22, pp. 59–60, nos. 134–140 (W 21300-1-7); UVB 23, pp. 37–38 (W 21452), p. 40 (W 21654.1); UVB 25, p. 38, pl. 27k, n (W 21859); ZATU 34.

② Henri Frankfort, "Progress of the Work of the Oriental Institute in Iraq, 1934–1935: Fifth Preliminary Report of the Iraq Expedition," OIC no. 20 (1936): 25, fig. 19.

③ Dominique Collon and Julian Reade, "Archaic Nineveh," BaM 14 (1983): 33.

④ Dietrich Sürenhagen and E. Töpperwein, "Kleinen Funde," Vierter vorläufiger Bericht über die von der deutschen Orientgesellschaft mit Mitteln der Stiftung Volkswagenwerk in Habuba Kabira und Mumbaqat unternommenen archäologischen Untersuchungen, *Mitteilungen der deutschen Orientgesellschaft*, vol. 105 (1973), pp. 20-21, fig. 4; Eva Strommenger, "Ausgrabungen in Habuba Kabira und Mumbaqat," *Archiv für Orientforschung* 24 (1973): 170-171, fig. 17; Eva Strommenger, "Habuba Kabira am syrischen Euphrat," *Antike Welt* 8, no. 1 (1977): 18, fig. 11; Eva Strommenger, "Ausgrabungen der deutschen Orient-Gesellschaft in Habuba Kabira," in David Noel Freedman, ed., *Archeological Reports from the Tabqa Dam Project—Euphrates Valley, Syria* (Cambridge, Mass.: American Schools of Oriental Research, 1979), p. 68, fig. 14.

⑤ G. van Driel, "Tablets from Jebel Aruda," in G. van Driel, Th. J. H. Krispijn, M. Stol, and K. R. Veenhof, eds., *Zikir Šumim*, Assyriological Studies Presented to F. R. Kraus on the Occasion of His Seventieth Birthday (Leiden: E. J. Brill, 1982), p. 12.

⑥ John Curtis, ed., *Fifth Years of Mesopotamian Discovery* (London: British School of Archaeology in Iraq, 1982), pp. 64–65, fig. 51.

⑦ André Parrot, "Les Fouilles de Mari, quatorzième campagne (printemps 1964)," *Syria* 42 (1965): 12.

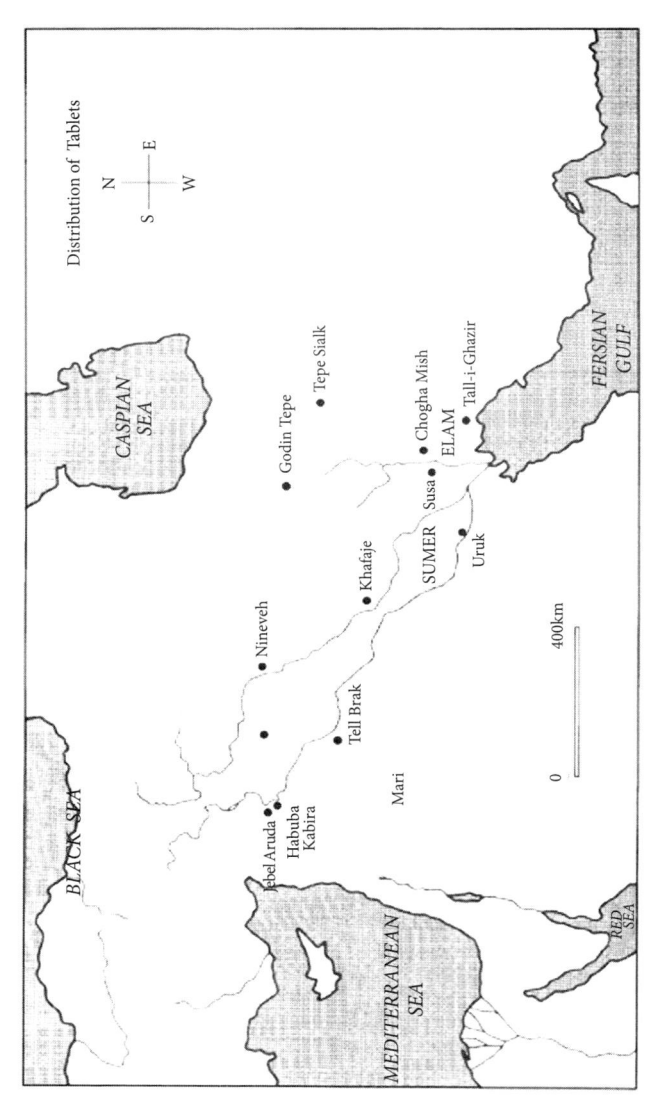

地图 3. 泥版的分布

环境下被发现的。在苏萨，泥版和封球的出土地点在卫城的相同区域，在某些情况下，还是在相同的建筑和相同的房间内。还有一种情况，二者甚至是在相同的容器中被发现的。① 哈布巴卡比拉的建筑物 2 中发现了压印泥版和封球。② 乌鲁克的埃安那圣区发现了 40 块泥版和 25 个封球，还有 20 块泥版是在乌鲁克第二重要的圣区阿努塔庙发现的，但迄今为止，该区域内暂未发现封球。有些泥版原始的位置就是在白色神庙的地板上。③

通常情况下，压印泥版和封球均是在神庙区和行政管理建筑中被发现的。在朱丁，最大的泥版贮藏室是一栋建筑入口处的门房，而另一组泥版是在一栋华丽的建筑中被发现的，那里可能是官员的办公场所。④

年代

压印泥版可分为三组，它们在时间上具有紧密的延续性，从公元前 3500 年一直延续到公元前 3000 年。第一组的年代为公元前 3500 年左右，包括苏萨 18 时期和哈布巴卡比拉的压印泥版。出土自埃安那和舒加米什的一些泥版同属于乌鲁克Ⅵ时期。

苏萨 17 时期的泥版，它们的年代在公元前 3300 年至公元前

---

① Dafi 8a, p. 19.

② Denise Schmandt-Besserat, "Tokens, Envelopes and Impressed Tablets at Habuba Kabira," in Eva Strommenger and Kay Kohlmeyer, eds., *Habuba Kabira Süd-Die kleinen Funde*, Wissenschaftliche Veröffentlichung der deutschen Orientgesellschaft（即将出版）.

③ UVB 3, p. 29.

④ Weiss and Young, "Merchants of Susa," p. 3.

3100年之间。它们与乌鲁克红庙出土的29块泥版以及出土自阿努塔庙、时间为乌鲁克Ⅳa时期的泥版属于同一个时代。① 朱丁的43块泥版，其中包括一个带有刻画符号的泥版也可能属于第二组。② 属于该组的还有出土自杰贝勒阿鲁达的泥版，据碳14检测，年代大约在公元前3200年左右。③

西阿勒克和塔利加齐尔的泥版，以及高斜面碗、原始阿拉米封泥、用绳子镶嵌了花边的带柄罐均属于第三组，即乌鲁克Ⅲ或苏萨16时期，大约在公元前3100年至公元前3000年左右。一块尼尼微泥版表面的印记表明，该器物也属于这个年代，尽管学者们曾说它属于地层Ⅴ，时间大约在公元前2900年至公元前2500年之间。④

压印泥版的年代非常重要，因为它清楚地表明了压印符号要早于象形文字符号，二者之间相隔大约200年，或者说是八个时代。苏萨18和乌鲁克Ⅵ—Ⅳc时期的象形文字文本与最早的压印泥版并非同时代的产物。最早的象形文字的证据是神庙C的地板上发现的一组泥版。Uruk Oc ⅩⅥ 3中写道："在神庙C已坍塌的T形长廊的屋顶下，地层Ⅳa。"这七块泥版很可能属于早些时候的乌鲁克Ⅳb时期，⑤ 或者是晚些的Ⅳa时期，⑥ 年代大约在公元前3300年至公元前3100年之间，属于第二组压印泥版的时间段。在该时间段

---

① ZATU 48-49.

② Weiss and Young, "Merchants of Susa," p. 8.

③ G. van Driel and C. van Driel-Murray, "Jebel Aruda 1977-1978," *Akkadica* 12 (1979): 24.

④ Collon and Reade, "Archaic Nineveh," p. 33.

⑤ "Sur le sol, par dessous les éboulis du toit de la longue pièce en T du temple C, au niveau Ⅳa." UVB 22, pp. 59-60, nos. 134-140 (W 21300-1-7).

⑥ ZATU 39-40.

第四章　压印泥版

内，两种书写方式并存。朱丁[①]和西阿勒克的例子可以解释这一观点，因为在那里出土的两种泥版是在一起被发现的。[②]

描述

除22块出土自乌鲁克阿努塔庙的石膏版之外，[③]其余所有的压印泥版均由黏土制成。泥版较小，平均约5厘米宽，4厘米长，2厘米厚，正好适于握在手掌之中。它们形状各异，缺乏新技艺中典型的统一标准，其中，椭圆形的较多，有一些为圆形，还有正方形和长方形。泥版的剖面也形式多样，大多数是凸起的，有些是扁平的，还有一些是平凸的。这些文献有很多都加盖了印章。印记盖住了压印符号，这表明，应该是先在泥版上书写，然后再加盖印章。

符号

为了叙述清晰，我把泥版表面的记号称作符号，而把封球表面的记号称作标记。压印泥版上能够辨识出来的符号有17种，它们是：

1. 短楔

　　A. 小的（图18）

　　B. 大的（图19）

　　C. 打点的（图20）

[①]　Weiss and Young, "Merchants of Susa," p. 9, fig. 4: 2.
[②]　Ghirshman, *Fouilles de Sialk*, pls. ⅩCⅡ–ⅩCⅢ.
[③]　UVB 3, p. 29; ZATU 48.

D. 侧楔

E. 楔尖（图 21）

图 18. 带有四个一排的圆形符号和四个一排的短楔符号的泥版，伊朗，朱丁（Gd 73-19）。由小凯勒·扬提供。

图 19. 带有三个大楔、一个浅圆形标记和四个深圆形标记的泥版，伊朗，苏萨（Sb 2313）。由卢浮宫，古代东方部提供。

第四章　压印泥版

图 20. 未列出的符号，与一个圆柱形陶筹的标记相似（类型 4∶10/11），该陶筹布满笔画，伊拉克，乌鲁克（W 20973）。
由德国考古研究所，巴格达部提供。

2. 深圆形

 A. 小的（图 18）

 B. 大的

 C. 半圆形

 D. 带有刻画符号的（图 22）

 E. 打点的

 F. 带附件的

3. 浅圆形

 A. 凸起的

 B. 扁平的（图 19）

4. 长楔（图 23）

5. 椭圆形

图 21. 泥版，表面压印有五个短楔、两个三角形符号和两个顶点，伊朗，朱丁（Gd 73-291）。由小凯勒·扬提供。

图 22. 带有深圆形刻画符号和三角形刻画符号的压印泥版，伊朗，苏萨（Sb 1975 bis）。由卢浮宫，古代东方部提供。埃伦·西蒙斯绘画（泥版为颠倒放置）。

第四章　压印泥版

图 23. 压印泥版，长楔，伊朗，苏萨（Sb 6291）。由卢浮宫，古代东方部提供。

6. 三角形

　　A. 朴素的

　　B. 带有刻画符号的（图 22）

布局

　　大多数泥版只在正面带有刻画符号，但有些泥版的反面或侧面也带有记号。[①] 在后两种情况下，每一面的账目均有所不同，在任何情况下反面都不是总计的数量——这种情况出现在象形文字泥版中。有些泥版就像翻书那样翻转，以便能阅读另一面，[②] 但有些要以水平轴为中心翻转。[③]

　　符号通常是横向排列，与泥版较长的边平行。不同类型的符号

[①] Gd 73-64 and 286, Weiss and Young, "Merchants of Susa," p. 9, fig. 4: 5 and 6.
[②] Ibid., fig. 4: 6.
[③] Ibid., fig. 4: 5.

通常不在同一行里混用，每一行均由相同的符号组成。例如，一行圆形符号的下面是一行楔形符号（图18）。当一行里只有几个符号时，它们被排列在中心位置，而不是排在靠边的位置上。符号绝不是随意排列的，而是按照等级的顺序来排列。代表最大数值的符号排列在泥版的最上部，然后是代表较小数值的符号，以此类推。例如，圆形符号代表较大单位的谷物，楔形符号代表较小单位的谷物，一行圆形符号排列在一行楔形符号之前，这种情况在以后的文献中得以证实（图18）。

因为每一行均由相同的符号组成，泥版可以从任何方向阅读，尽管有几个标本表明，通常文字都是从上到下、从右到左排列，还可能交错着书写（每一行交替着自右至左和自左至右书写）。还有一块出土自朱丁的泥版，它的顶部写了一整行的符号，余下的最后两个符号却写在了底部（图24）。① 出土自苏萨的 Sb 2313 表明，只有在极少的情况下，一个书写行才由不同的符号组成，数值较大的符号写在右边，向左的方向，符号所代表的数值的大小依次递减。因为书吏按着等级顺序安排符号，单位最大的写在最前面，按着这种逻辑我们可以推测出，右边的符号都是先于左边的符号书写上去的（图19）。最后再来看一个例子：朱丁的泥版 73-292，它的第一行从右开始书写，第二行从左开始，或者说是交错着书写的（图24）。②

压印技术

在泥版上压印符号的技术与封球的相同，同样是把陶筹压印在

---

① Gd 73-292, Weiss and Young, "Merchants of Susa," p. 10, fig. 5: 1.
② Ibid.

第四章　压印泥版

泥版的表面上。从苏萨的 Sb 2313（图 19）可以非常清楚地看出这种技术，因为那上面压印有三个大楔，非常清晰地显示出了用来压印的圆锥体的轮廓。代表挤捏的球体、双圆锥体、卵形体和三角体的符号必须由相应的陶筹压印上去，因为没有任何笔能够压印出这些形状。在其他情况下，圆形符号和楔形符号均由钝笔压印而成。

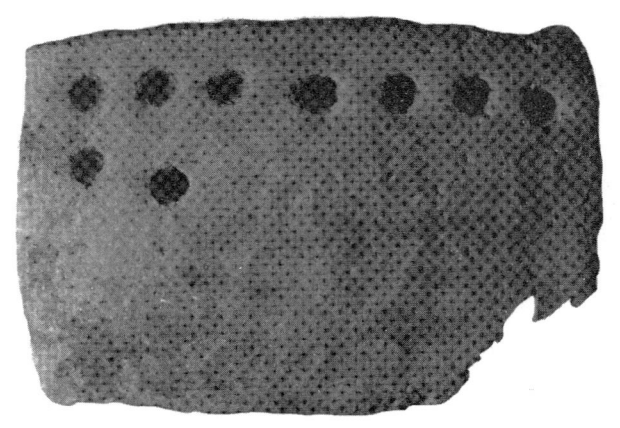

图 24. 交错书写的压印泥版，伊朗，朱丁（Gd 73-292）。
由小凯勒·扬提供。

有些符号使用了混合的压印/刻画技术（上面提到的 2d 和 6b）。在苏萨的泥版 Sb 1975 bis 中，一个三角形陶筹被压印在了泥版的表面上，共压印了四次，每个三角形的压印痕迹上均有一个垂直的刻画痕迹穿过，这是由尖锐的笔刻画上去的（图 22），由此就产生了一个带有刻画线的三角形（类型 8:11）。

由陶筹演变为符号

在 17 种压印符号中，每一种均可追溯到它的陶筹原型。因为带有标记的封球只有 19 个，而带有符号的泥版则有 240 块，因此，能找到 7 个这样的范例是非常引人注目的——它们完完整整地显示出了从陶筹到封球表面的标记，再到泥版表面的符号的发展过程。相关的信息如下：

A. 一种普遍能找到的陶筹。
B. 在无标记的封球里封存着同样的陶筹。
C. 封球表面有相应的标记。
D. 与之相应的、压印在泥版表面的符号。
E. 在象形文字泥版表面有这种符号出现，或为压印符号，或为刻画的象形文字，或两者兼而有之。
F. 有推测出的翻译。

我并未把所有涉及的器物全部列出，只是在可能的情况下，对符号进行了尝试性的阐释。这些阐释与格林和汉斯·尼森、[1] 汉斯·尼森、彼得·达梅罗、罗伯特·英格伦、[2] 亚当·法尔肯施泰因、[3] 约兰·弗里贝里[4] 和魏曼[5] 的一致。我们还应该了解，这些作

---

[1] ZATU.

[2] Hans J. Nissen, Peter Damerow, and Robert K. Englund, *Archaic Bookkeeping* (Chicago: University of Chicago Press, 1990).

[3] ATU.

[4] Jöran Friberg, *The Third Millennium Roots of Babylonian Mathematics. 1. A Method for the Decipherment, through Mathematical and Metrological Analysis, of Proto-Sumerian and Proto-Elamite Semi-pictographic Inscriptions* (Göteborg: Chalmers University of Technology and University of Göteborg, 1978–1979).

[5] A. A. Vaiman: "Über die Protosumerische Schrift," *Acta Antiqua Academiae Scientiarum Hungaricae* 22 (1974): 17–22; "Protosumerische Mass-und Zählsysteme," BaM 20 (1989): 114–120.

者所引用的苏美尔度量衡单位反映出，在公元前 4 千纪晚期至公元前 3 千纪早期，那里的城邦就已经具有了高度的组织性。符号的含义和与之相应的史前陶筹原型的含义将在本章的结论部分进行讨论。

1a. 短楔 [1]

 A. 圆锥体，类型 1∶1。

 B. 无标记的封球：舒加米什、[2] 苏萨。[3]

 C. 封球表面的记号：亚赫亚（图 17）、[4] 苏萨。[5]

 D. 压印符号：舒加米什、[6] 朱丁、[7] 杰贝勒阿鲁达、[8] 海法杰、[9] 西阿勒克、[10] 苏萨、[11] 乌鲁克。[12]

 E. ATU 892/ZATU N-1（压印的）。

---

[1] 苏美尔原文的一个笔画称"一个楔"。——译者

[2] P. P. Delougaz and Helene J. Kantor, "New Evidence for the Prehistoric and Protoliterate Culture Development of Khuzestan," *The Memorial Volume of the Vth International Congress of Iranian Art and Archaeology*, vol. 1（Tehran, 1972）, p. 30, pl. IX b.

[3] Sb 1938, M 43, p. 95: 582, pl. 72.

[4] Denise Schmandt-Besserat and S. M. Alexander, *The First Civilization: The Legacy of Sumer*（Austin, Texas: University Museum, 1975）, pp. 51, 53.

[5] Sb 6350, M 43, p. 66, pl. 61: 460 bis; Sb 1927, M 43, p. 91, pl. 68: 539.

[6] Kantor, "Excavations: 1974–1975," p. 17, fig. 6.

[7] Gd 73-64, obverse, Weiss and Young, "Merchants of Susa," p. 9, fig 4:5.

[8] Driel, "Tablets," p. 14: 1, 2, 4.

[9] Frankfort, "Progress," p. 25.

[10] Ghirshman, *Fouilles de Sialk*, p. 67, pl. XCIII : S 539.

[11] Sb 4839, M 43, p. 100: 629.

[12] W 9656 eb, UVB 4, p. 28, pl. 14.

F. 谷物的度量单位（1 *ban*?）。①

注释：苏萨的封球 Sb 1927 把算筹的顶端而不是把整个算筹的侧面压印在了黏土上，因此封球表面大多数的标记为圆形。② 还有苏萨的一块泥版可能使用了相同的技术。③

1b. 大楔

A. 大圆锥体，类型 1∶2。

B. 无标记的封球：舒加米什。④

C. 封球表面的标记：苏萨。⑤

D. 压印符号：杰贝勒阿鲁达、⑥ 苏萨（图 19）。⑦

E. ATU 899/ZATU N-34（压印的）。

F. 谷物的度量单位（180 *ban*?）。⑧

1c. 打点的楔

A. 打点的圆锥体，类型 1∶19。

B. 无标记的封球：无。

---

① Peter Damerow and Robert K. Englund, "Die Zahlzeichensysteme der archaischen Texte aus Uruk," ZATU 136; Friberg, *Third Millennium Roots*, p. 10; Vaiman, "Protosumerischen Schrift," p. 19.

② Sb 1927, M 43, p. 91: 539, pl. 68.

③ Sb 6959, M 43, p. 101: 642, pl. 79.

④ Delougaz and Kantor, "New Evidence," p. 30, pl. Ⅸ b.

⑤ Sb 1927, M 43, p. 91: 539, pl. 68.

⑥ Driel, "Tablets," p. 14: 1 and 6.

⑦ Sb 2313, M 43, p. 128: 622; MT, M 43, p. 91: 545, pl. 68.

⑧ Nissen, Damerow, and Englund, *Archaic Bookkeeping*, p. 29; Friberg, *Third Millennium Roots*, p. 10.

第四章　压印泥版

C. 封球表面的标记：苏萨。[1]

D. 压印符号：乌鲁克（图 20）。

E. ATU 905/ZATU N-48（压印的）。

F. 谷物的度量单位（1800 *ban*?）。[2]

土地的度量单位（1 *eše*?）。[3]

注释：封球里封存的唯一一个打点的圆锥体的表现方式是：它的底部被压印在了封球的表面上，因此，封球表面留下的是一个大的圆形标记，而不是打了点的楔形。

1d. 横楔

A. 圆锥体，类型 1：1。

D. 压印符号：朱丁。[4]

E. ATU 918（压印的）。

F. 符号片段。[5]

土地的度量单位（1/4 *iku*?）。[6]

1e. 两个楔尖

A. 圆锥体，类型 1：1.

---

[1] S.ACR.I.77.2173.4, Dafi 8a, p. 15, no. 2, pl. I：3, fig. 3:3.
[2] Nissen, Damerow, and Englund, *Archaic Bookkeeping*, p. 29; Vaiman, "Protosumerische Schrift," p. 19.
[3] Nissen, Damerow, and Englund, *Archaic Bookkeeping*, p. 57; Friberg, *Third Millennium Roots*, p. 46.
[4] Gd 73-299, 未发表。
[5] ATU 918。
[6] Friberg, *Third Millennium Roots*, p. 46.

D. 压印符号：朱丁（图 21）。①

　　E. ATU 918（压印的）。

　　F. 谷物的度量单位（1/10 *ban*?）。②

2a. 圆形符号

　　A. 球体，类型 2：1。

　　B. 无标记的封球：舒加米什、③ 苏萨、④ 乌鲁克。⑤

　　C. 封球表面的标记：苏萨、⑥ 亚赫亚。⑦

　　D. 压印符号：朱丁、⑧ 杰贝勒阿鲁达、⑨ 哈布巴卡比拉、⑩ 海法杰、⑪ 尼尼微、⑫ 西阿勒克、⑬ 苏萨、⑭ 乌鲁克。⑮

　　E. ATU 897/ZATU N-14（压印的）。

---

① Gd 73-291, 未发表。
② Vaiman, "Protosumerische Schrift," p. 19; Friberg, *Third Millennium Roots*, p. 25.
③ Delougaz and Kantor, "New Evidence," p. 30, pl. IX b.
④ Sb 1967, M 43, p. 86, pl. 64: 488.
⑤ W 20987.15, 未发表。
⑥ S.ACR.I.77.2173.4, Dafi 8a, p. 15, no. 2; pl. I :3, fig. 3: 3.
⑦ Schmandt-Besserat and Alexander, *The First Civilization*, pp. 51 and 53.
⑧ Weiss and Young, "Merchants of Susa," p. 9, fig. 4: 1-6 and fig. 5: 1.
⑨ Driel, "Tablets," p. 14: 1-4 and pp. 15, 7, 13.
⑩ M II : 128, 未发表。
⑪ Frankfort, "Progress," p. 25.
⑫ Collon and Reade, "Archaic Nineveh," p. 34, fig. 1a.
⑬ Ghirshman, *Fouilles de Sialk*, pl. XCIII , S 539.
⑭ Sb 2312, M 43, p. 87, pl. 65: 491; Sb 2316, M 43, p. 85, pl. 63: 475; Sb 6289, M 43, p. 102, pl. 67: 650.
⑮ W 10133 a and b, UVB 3, p. 29, pl. 19b.

第四章　压印泥版

F. 谷物的度量单位（1 bariga?）。①

注释：在一个例子中，封存有六个球体的封球表面有六个笔画。② 标记是在黏土已经干燥的情况下刻画上去的，当时已经不能再在上面压印陶筹了。

2b. 大圆形符号

A. 大球体，类型 2 : 2。

B. 封存在无标记封球中：舒加米什、③ 苏萨。④

C. 封球表面的标记：无。

D. 压印符号：苏萨、⑤ 哈布巴卡比拉、⑥ 杰贝勒阿鲁达。⑦

E. ATU 913/ZATU N-45（压印的）。

F. 谷物的度量单位（10 bariga?）。⑧

注释：封存有大球体的封球，没有一个在表面上有标记。唯一可推测的就是，大球体是通过比代表小球体要大的深圆形标记体现出来的。哈布巴卡比拉的几块泥版可以为这种推测提供证据，它们的表面出现了不同大小的深

---

① Nissen, Damerow, and Englund, *Archaic Bookkeeping*, p. 29; Friberg, *Third Millennium Roots*, p. 10; Vaiman, "Protosumerische Schrift," p. 19.

② Sb 1932, Pierre Amiet, *L'Age des échanges inter-iraniens*（Paris: Ministère de la Culture et de la Communication, 1986）, p. 85, fig. 29.

③ Delougaz and Kantor, "New Evidence," p. 30, pl. IX b.

④ Sb 1967, M 43, p. 86, pl. 64: 488.

⑤ Sb 2315, M 43, p. 89: 521, pl. 66.

⑥ M II : 128 and 130, 未发表。

⑦ Driel, "Tablets," p. 14, fig. 3.

⑧ Nissen, Damerow, and Englund, *Archaic Bookkeeping*, p. 29; Friberg, *Third Millennium Roots*, p. 10; Vaiman, "Protosumerische Schrift," p. 19.

圆形标记，并且排列在不同的行。①

2c. 半圆形

 A. 半球体，类型 2∶24。

 B. 无标记的封球：无。

 C. 封球表面的标记：无。

 D. 压印符号：朱丁、② 西阿勒克。③

 注释：半球体是最早的陶筹亚型之一，在收集到的很多器物中均能找到它们的踪迹，但数量从来都不多。这很可能解释了为什么在封球中并未找到它们的原因，也解释了为什么与之相对应的符号在泥版上也并不多见。

2d. 带有一个刻画符号的圆形符号

 A. 带有切口的球体，类型 2∶7。

 B. 无标记的封球：无。

 C. 封球表面的标记：无。

 D. 压印符号：苏萨（图 22）。④

 E. ATU 898/ZATU N-15（压印的）。

 F. 谷物的度量单位（？）（1 *bariga*?）。⑤

---

 ① M Ⅱ∶130，未发表；M Ⅱ∶128, Strommenger, "Ausgrabungen in Habuba Kabira und Mumbaqat," p. 171, fig. 17.

 ② Weiss and Young, "Merchants of Susa," p. 9, fig. 4: 5, Gd 73-64.

 ③ Ghirshman, *Fouilles de Sialk*, pl. ⅩCⅢ, S 1627.

 ④ Sb 1966 bis, M 43, p. 104: 671, pl. 82; Sb 1975 bis, M 43, p. 101: 641, pl. 79.

 ⑤ Nissen, Damerow, and Englund, *Archaic Bookkeeping*, p. 29; Vaiman, "Proto-sumerische Schrift," p. 21.

土地的度量单位（1/8 *iku*?）。①

2e. 打点的圆形符号

　　A. 打点的球体，类型 2：3。

　　B. 无标记的封球：无。

　　C. 封球表面的标记：无。

　　D. 压印泥版：塔利加齐尔。②

　　E. ZATU N-50（压印的）。

　　F. 土地的度量单位（10 *bur*?）。③

2f. 带有附件的圆形

　　A. 挤捏的球体，类型 2：15。

　　B. 无标记的封球：无。

　　C. 封球表面的标记：无。

　　D. 压印符号：苏萨。④

　　E. ATU 781/ZATU 240（刻画的）。

　　F. 肥尾羊。

　　　注释：符号 ATU 781/ZATU 240 有相同的圆形轮廓，但却附带了一个刻画的十字。

---

① Friberg, *Third Millennium Roots*, p. 46.

② Whitcomb, "Proto-Elamite Period," p. 31, pl.XI.

③ Nissen, Damerow, and Englund, *Archaic Bookkeeping*, p. 57; Friberg, *Third Millennium Roots*, p. 46; Vaiman, "Protosumerische Schrift," fig. 4.

④ S.ACR.I.77.2128.2 and 3, Dafi 8a, p. 19, nos. 20 and 23, pl.IV: 7 and 6, fig. 4: 2 and 5.

3a. 浅圆形标记

A. 扁盘状物，类型 3：1。

B. 无标记的封球：舒加米什、[1] 苏萨、[2] 乌鲁克。[3]

C. 封球表面的标记：无。

D. 压印符号：苏萨。[4]

E. ATU 907（压印的）。

F. 谷物的度量单位（？）。[5]

注释：两个苏萨的封球表面带有浅圆形标记，它们代表凸盘状物（类型 3：3）。[6] 然而，没有一个封存有扁盘状陶筹的封球带有标记。我们只能推测，它们同样是由大的浅圆形标记来表示，轮廓很可能比凸盘状物更精细些。扁盘状物的等价符号很可能是从与之放在一起的陶筹中推测出来的。在四个标本中，边缘较直的盘状物与小球体[7]，或者与小球体和大球体一起被封存在封球中，[8] 这很可能具有一定的意义。封球内存放在一起的球体和扁盘状物很可能与泥版表面压印的深圆形和浅圆形符号有一定的联系。[9]

---

[1] Delougaz and Kantor, "New Evidence," p. 30, pl. IX a and b.
[2] Sb 1938, M 43, p. 95, pl. 72: 582.
[3] W 20987.8, 15, and 17, 未发表。
[4] Sb 6959, M 43, p. 101: 642, pl. 79; Sb 2313, M 43, p. 128: 922, pl. 99.
[5] Friberg, *Third Millennium Roots*, p. 10.
[6] Sb 1927 and 1940, M 43, p. 91: 539 and p. 92: 555, pl. 68.
[7] Susa: Sb 1938 and 1946; S.ACR.2130.4.
[8] 舒加米什：芝加哥大学东方学院展出的封球。
[9] Sb 2313, M 43, p. 128: 922, pl. 99.

3b. 源自凸盘状物的圆形符号

A. 凸盘状物,类型 3:10。

B. 无标记的封球:苏萨。[1]

C. 封球表面的标记:苏萨(图15)。[2]

D. 压印符号:舒加米什、[3] 杰贝勒阿鲁达、[4] 苏萨、[5] 卜拉克、[6] 乌鲁克。[7]

F. 动物的数量单位(10个动物?)。[8]

注释:封球中的凸盘状物大多与圆柱体放在一起。[9] 当这两种陶筹转换为标记时,一种表现为浅圆形标记,一种表现为长楔形标记。因此,我推测,当圆形符号与长楔形符号同时出现在泥版上时,它们可能源自凸盘状物。[10]

4. 长楔

A. 圆柱体,类型 4:1。

B. 无标记的封球:苏萨、[11] 乌鲁克。[12]

---

[1] S.ACR.I.77.1999.1, Dafi 8a, 1978, p. 17.
[2] Sb 1927, M 43, p. 91, pl. 68: 539; Sb 1940, M 43, p. 92, pl. 69: 555.
[3] Delougaz and Kantor, "Iranian Expedition," p. 11.
[4] Driel, "Tablets," p. 15, fig. 1b: 10.
[5] Sb 6299, M 43, p. 104: 666, pl. 81.
[6] Curtis, *Fifty Years*, p. 65, fig. 51.
[7] W 21859, UVB 25, p. 38, pl. 27k.
[8] Friberg, *Third Millennium Roots*, p. 21.
[9] Sb 1940, M 43, p. 92: 555.
[10] Sb 6299, M 43, p. 104: 666, pl. 81.
[11] S.ACR.I.77.1999.1, Dafi 8a, p. 17; S.ACR.I.77.2089.1, 2111.2.
[12] W 20987.27, UVB 21, pl. 19b.

C. 封球表面的标记：苏萨（图 15）。[1]

D. 压印符号：朱丁、[2] 哈布巴卡比拉、[3] 杰贝勒阿鲁达、[4] 苏萨（图 23）、[5] 卜拉克、[6] 乌鲁克。[7]

F. 动物的数量单位（1 个动物？）。[8]

5a. 椭圆形

A. 卵形体，类型 6：1。

B. 无标记的封球：乌鲁克。[9]

C. 封球表面的标记：无。

D. 压印符号：舒加米什、[10] 哈布巴卡比拉、[11] 杰贝勒阿鲁达。[12]

5b. 带有刻画符号的卵形体

A. 刻画了圆圈的卵形体，类型 6：14。

---

[1] Sb 1940, M 43, p. 92, pl. 69: 555; S.ACR.I.77.2049.1, Dafi 8a, p. 16.

[2] Gd 73-293.

[3] M Ⅱ: 127, Eva Strommenger, "Habuba Kabira am syrischen Euphrat," p. 18, fig. 11.

[4] Driel, "Tablets," p. 15, fig. 1b: 9 and 10.

[5] Sb 4854, M 43, p. 85: 479, pl. 63; Sb 6291, M 43, p. 89: 520, pl. 66; Sb 6299, M 43, p. 104: 666, pl. 81.

[6] Curtis, *Fifty Years*, p. 65, fig. 51.

[7] W 21859, UVB 25, p. 38, pl. 27k.

[8] Friberg, *Third Millennium Roots*, p. 21. 代表一个动物的长楔出现在了乌鲁克古朴泥版中（例如：W 28859, UVB 25, pl. 27k）。尼森、达梅龙和英格伦未能辨别出该符号，他们未区分长楔和短楔（*Archaic Bookkeeping*, p. 28）。

[9] UVB 21, pl. 19b.

[10] Kantor, "Excavations: 1974-1975," pl. 17: 7.

[11] Strommenger, "Ausgrabungen in Habuba Kabira und Mumbaqat," p. 171, fig. 17.

[12] Driel, "Tablets," p. 14, fig. 1a: 4.

B. 无标记的封球：乌鲁克（图 12）。①
C. 封球表面的标记：哈布巴卡比拉（图 16）。②
D. 压印符号：无。
E. ATU 733/ZATU 393。
F. 油。

注释：尽管有些卵形体并未在压印泥版的表面出现，而只是以标记的形式出现在了封球的表面上，我也把它们包括了进来。封球 M Ⅱ：134 出土自哈布巴卡比拉，它表面的标记很明显是算筹压印在封球壁上而形成的。因为椭圆形压印痕迹的一条小边与陶筹上的刻画符号正好相符。但 M Ⅱ：133 却与上述说法相矛盾，它表面的楔形比较质朴，可能是用笔刻画上去的。

6a. 朴素三角体

A. 三角体，类型 8：2。
B. 封存在无标记封球中的三角体：乌鲁克、③ 舒加米什。④
C. 封球表面的标记：无。
D. 压印符号：朱丁（图 21）。⑤
E. ATU 935/ZATU N-39a（压印的）。

---

① W 20987.27, UVB 21, pl. 19b; W 20987.7.
② M Ⅱ：133 and 134; Sürenhagen and Töpperwein, "Kleinen Funde," pp. 21, 26; Schmandt-Besserat, "Tokens, Envelopes and Impressed Tablets at Habuba Kabira."
③ UVB 21, pl. 19b.
④ Delougaz and Kantor, "New Evidence," p. 30, pl. Ⅸ b.
⑤ Gd 73-291, 正、反面, 未发表。

F. 谷物的度量单位（1/5 *ban*？）。①

6b. 带有刻画符号的三角体

  A. 中间刻画有直线的三角体，类型 8∶11。

  B. 无标记的封球：无。

  C. 封球表面的标记：无。

  D. 压印符号：苏萨（图 22）。②

  E. 压印／刻画符号：苏萨。③

  F. 小麦的度量单位（？）。④

压印泥版之后：象形文字

以上资料显示，压印泥版代表的只不过是书写朝着象形文字发展的一个过渡阶段，即：用书写的方式来表现陶筹。后面几页的图表阐释了某些压印符号是怎样被尖锐的笔刻画的象形文字所取代的。以卵形和三角形符号为例，这两种符号演变成了刻画的象形文字，当然还有其他被压印／刻画的符号。另一方面，楔形和圆形符号一直是压印上去的，这就造成了两种字体的存在：压印的和象形的。我会在下面的章节讨论两种不同的字体是怎样由朴素陶筹和复杂陶筹两种原型演变而来的。

---

  ① Nissen, Damerow, and Englund, *Archaic Bookkeeping*, p. 29; Friberg, *Third Millennium Roots*, p. 25; Vaiman, "Protosumerische Schrift," p. 19.

  ② Dafi 8a, S.ACR.I.77.2089.1, p. 21, pl. Ⅱ: 5, fig. 6: 2.

  ③ Sb 1975 bis, M 43, p. 101, pl. 79: 641.

  ④ Vaiman, "Protosumerische Schrift," pp. 20–21, fig. 3.

第四章　压印泥版

压印符号的陶筹原型

遍布整个近东地区、最常见的陶筹类型是：圆锥体、球体、盘状物和圆柱体，它们造就了大多数常见的压印符号。包括打了点的圆锥体和球体在内，这些算筹也是古代陶筹中最古老的形状，它们在阿西阿卜和詹杰达雷赫最早的器物中就出现过，并且一直持续到公元前4千纪，从未间断过。

圆锥体、打了点的圆锥体、球体、盘状物和圆柱体中的亚型意义重大，它们在封球中出现得最为频繁，因而，也最常被转化为封球表面的压印标记。这表明，陶筹存储为档案的方式决定了相应的字体。

符号的压印痕迹最古老，也是两种早期书写方式中最初级的一种。压印技术最主要的缺陷是：混淆了陶筹原型的形状。例如，形状分明的陶筹——圆锥体和圆柱体、或盘状物和球体——被分别转化成形状非常相近的楔形或圆形符号。因此，符号是由背景信息而不是由形状来决定的。短楔和长楔代表圆锥体和圆柱体，二者的区别在于它们在泥版上的位置：长楔总是在靠近泥版边缘的位置，[①] 而短楔总是处在中心位置。[②] 当与其他符号一同出现时，源于球体和凸盘状物的圆形符号就能区分开来。代表球体的符号与短楔放在一起，[③] 而代表凸盘状物的符号与长楔放在一起。[④]

[①] Sb 6291, M 43, p. 89: 520, pl. 66.
[②] Sb 6289, M 43, p. 90: 534, pl. 67.
[③] 例如：Sb 4829, M 43, p. 100, pl. 78: 629.
[④] 例如：Sb 6299, M 43, p. 104, pl. 81: 666.

符号	陶筹	封存在封球里的陶筹	封球表面的标记	压印在泥版表面的符号	刻画的象形文字
x 代表出现，空白代表暂无证据					
1.a		x	x		
1.b		x	x		
1.c		x	x		
1.d					
1.e	x				
2.a		x	x		
2.b		x			
2.c					
2.d					

第四章　压印泥版

符号	陶筹	封存在封球里的陶筹	封球表面的标记	压印在泥版表面的符号	刻画的象形文字
x 代表出现，空白代表暂无证据					
2.e					x
2.f					x
3.a		x			
3.b		x	x		
4		x	x		
5.a		x			x
5.b		x	x		
6.a		x			x
6.b		x	x		x

压印/刻画符号的陶筹原型

带有切口的球体（类型 2：7）[①]和带有刻画符号的三角体（8：11）是压印/刻画符号的原型。这些符号非常重要，因为它们证明了压印符号和刻画符号二者紧密相关。毫无疑问，它们表明了，刻画出来的象形文字是从陶筹演变到文字的第三个，同时也是最后一个步骤。带有刻画符号的三角体具有特殊的意义，因为人们可以从中追溯下面四个演变阶段：1）复杂陶筹，2）压印符号，3）压印/刻画符号，4）象形文字。尽管带有刻画符号的三角体是公元前 4 千纪较为常用的复杂陶筹的亚型，但迄今为止尚未发现封存在封球中的三角体。带有刻画符号的三角体的压印痕迹在苏萨的"实心黏土球"的表面出现过。[②]随后出现了压印/刻画符号——先压印三角形陶筹，再补上刻画标记（图22）[③]。最后，出现了象形文字ATU 900。

刻画的象形文字的陶筹原型

还有四个压印符号/标记演变成了刻画的象形文字。它们仍使用旧技术：用刻画的线条来标记陶筹，而早在公元前 8 千纪，也就是陶筹系统的初始期，人们就已经开始使用这种技术了。到了公元前 4 千纪，带有刻画标记的复杂陶筹变得异常重要。然而，用笔在泥版上刻画符号是近东文字演变过程中的第三个阶段（在封球表面的标记和压印符号之后），因为它出现在用压印的方式书写之后。使用该技术所产生的刻画符号具有一定的优势——它们比压印符号

---

① Sb 1966 bis, M 43, p. 104, pl. 82: 671; Sb 1975 bis, M 43, p. 101, pl. 79: 641.
② Dafi 8a, p. 21, S.ACR.I.77.2073.4.
③ Susa : Sb 1975 bis, M 43, p. 101, pl. 79: 641.

更容易识读。刻画符号能更准确地表现陶筹原型的轮廓和陶筹表面的标记，这一点非常重要，因为象形文字大都源自带有线性标记的复杂陶筹。

在那些演变成象形文字的压印标记中，带有刻画符号的卵形体（类型6∶14）最为重要，因为在演变的四个步骤中，每一步均能找到它们的踪迹。首先，带有刻画符号的卵形体在公元前4千纪的遗址中是最为常见的复杂陶筹；第二，在乌鲁克，它们被封存在无标记的封球中；① 第三，在哈布巴卡比拉的封球中，它们以压印标记的形式出现在了封球表面；② 第四，它们演变成了刻画的象形文字ATU 733/ZATU 293。但是，相应的压印符号却尚未找到。

余下的三种陶筹亚型：挤捏球体（类型2∶15）、朴素卵形体（类型6∶1）和朴素三角体（类型8∶2），在压印符号和象形文字中得以延续。这些陶筹与ATU 781/ZATU 240、③ ATU 732/ZATU 280、709 和 ATU 428/ZATU 254 相对应。所有这些均为典型的复杂陶筹，除朴素卵形体之外，它们从未在公元前4千纪中期之前的器物中出现过。

曾对苏美尔象形文字做出过一定贡献的、也是最重要的最后一组复杂陶筹至今尚未在封球中找到。这可能是因为封球的数量太少，但更可能是因为——就像我在之前的章节中讨论过的那样，复杂陶筹经常被打了孔，因此在存放为档案时，它们很可能是用线穿起来的。详见下面几页的图表。

---

① UVB 21, pl. 19b; W 20987.7.

② MⅡ：134; Schmandt-Besserat, "Tokens, Envelopes and Impressed Tablets at Habuba Kabira."

③ ATU 781 还带有一个刻画的十字。

图 25. 符号 ATU 761/ZATU 575，"绵羊"，伊拉克，乌鲁克（W 21418.4）。由德国考古研究所，巴格达部提供。

	陶筹类型		象形文字	翻译
	3：14		ATU 803 ZATU 482c	1. 动物 羊羔
	3：51		ATU 761 ZATU 575	绵羊（图25）
	3：54		ATU 763 ZATU 571	母羊
	14：3		ATU 45a ZATU 12	母牛
	14：8		ATU 30 ZATU 145	狗

第四章　压印泥版

续表

	陶筹类型		象形文字	翻译
	1：29		ATU 535 ZATU 196	2.食物 面包
	6：14		ATU 733 ZATU 393	油
	8：29		ATU 539 ZATU 197	食物
	9：1		ATU 428 ZATU 254	甜的 （蜂蜜？）
	9：15		ATU 750 ZATU 503	甜的 （蜂蜜？）
	13：3		ATU 139 ZATU 88b	啤酒[①]
	13：7		ATU 158 ZATU 296a	羊奶

---

① M. W. Green, "Animal Husbandry at Uruk in the Archaic Period." *Journal of Near Eastern Studies* 39, no. 1（1980）: 5; Krystyna Szarzynska, "Offerings for the Goddess Inana in Archaic Uruk," *Revue d'Assyriologie et d'Archéologie Orientale* 87, no. 1（1993）: 11, table 1: 7a.

续表

	陶筹类型		象形文字	翻译
	3:20		ATU 758 ZATU 452b	3. 纺织品 纺织品①
	3:21		ATU 798 ZATU 452b	羊毛②
	3:22			ZATU 452c	外衣或 布料类
	3:24			ZATU 452b	外衣或布 料类③
	3:28			ATU 755 ZATU 555	外衣或布 料类④
	3:30			ATU 759 ZATU 452e	外衣或布 料类⑤

① Krystyna Szarzynska, "Records of Cloths and Garments in Archaic Uruk/Warka," *Altorientalische Forschungen* 15, no. 2 (1988): 228: T-19.
② Ibid., T-20.
③ Ibid., T-22-23.
④ Ibid., T-18.
⑤ Ibid., T-20.

第四章　压印泥版

续表

陶筹类型		象形文字	翻译
	3:32	ZATU 452e	外衣或布料类（图）26）①
	3:52		外衣或布料类②
	3:55	PI 385 ZATU 452a	羊毛，毛皮③
	4:23	ATU 508	绳子
	7:18	ATU 589 ZATU 764	席子或垫子类
	10:4	ATU 390/829 ZATU 662/663	外衣或布料类④
	10:9		外衣或布料类⑤

---

① Krystyna Szarzynska, "Records of Cloths and Garments in Archaic Uruk/Warka," *Altorientalische Forschungen* 15, no. 2（1988）: 228: T-21.
② Ibid., T-29.
③ Ibid., T-38.
④ Ibid., T-6.
⑤ Ibid., T-12.

续表

陶筹类型		象形文字	翻译
	10:12	PI 158	外衣或布料类①
	10:13	ATU 685 ZATU 644	外衣或布料类②
	1:34	ATU 736 ZATU 394	4. 容器?
	7:31	ATU 568 ZATU 616	谷仓
	13:6	ATU 674 ZATU 126	?
	1:38,39	ZATU 267	5. 日常用品 香水
	8:14	ZATU 63	金属

---

① Krystyna Szarzynska, "Records of Cloths and Garments in Archaic Uruk/Warka," *Altorientalische Forschungen* 15, no. 2 (1988): 228: T-10.

② Ibid., T-11.

续表

	陶筹类型		象形文字	翻译
	8:15		ATU 545	金属
	8:17		ATU 703 ZATU 301	金属
	8:18		ATU 545 ZATU 63	金属
	9:13		ZATU 293	手镯，项链
	14:10		ZATU 379	床
	5:1		ATU 526 ZATU 280	6. 服务/工作 做，建造
	1:33		ZATU N 38	7. 其他 数字？
	2:15		未记载	（W 21090）
	3:19		ATU 754 ZATU 127	？

续表

	陶筹类型		象形文字	翻译
	4∶20		ZATU 779	?
	4∶24		未记载	（W 20973）（图20）
	5∶1		ATU 403 ZATU 659	?
	5∶5		ATU 406 ZATU 661	?
	6∶1		ATU 732 ZATU 280	指甲（?）
	7∶12		ATU 559	?
	8∶1		ATU 709	?
	8∶37		ATU 712 ZATU 83	?
	9∶6		ATU 434	?

第四章 压印泥版

续表

	陶筹类型		象形文字	翻译
	9∶7		ATU 434	?
	9∶10		ATU 429 ZATU 293 （?）	?
	16∶6		ATU 17 ZATU 82	脚

图 26. 符号 ZATU 452e，"纺织品"，伊拉克，乌鲁克（W 9657）。由德国考古研究所，巴格达部提供。

注释：四面体的含义仍是个谜。它们属于朴素陶筹，一直以来分布都非常广，也是最常见的被封存在封球中的陶筹

种类之一。正因为这个原因，我们可以推测，它们在文字中得以延续。但是，没有一个封存了四面体的封球表面带有这种陶筹的压印标记，压印泥版上也未找到三角形的压印痕迹。

四面体很可能代表一种记事表或工作单位。① 它与以下两个三角形符号相关，第一个是 ATU 403/ZATU 659，勒内·拉巴把它识别为 lagar（"神庙仆人"），② 第二个是 ATU 526/ZATU 280 或 KAK（du_3），通常代表"做，建造"。公元前 3 千纪和公元前 2 千纪，四面体的黏土记事表曾经在西帕尔被使用过。③ 记事表上记下了日期和人名，很显然，按照这些记录可以交换一定配额的大麦来作为工资。从形状和意义上来说，这些后来的记事表很可能是史前陶筹的延续。这种观点听起来比较合乎逻辑，因为在古代近东，人力是一种重要的、可交换的商品。大量文献记载了挖掘运河、修建房屋和收割庄稼所用到的人工，这些都证实了上述的观点。

若四面体确实代表一种工作的单位，按这个逻辑推测下去，不同大小的陶筹就代表了不同的时间单位，例如：一天的工作（一周的或一个月的工作）。它们很可能并不代

---

① Denise Schmandt-Besserat, "The Envelopes That Bear the First Writing," *Technology and Culture* 21, no. 3 (1980): 375.

② René Labat, *Manuel d'épigraphie akkadienne* (Paris: Imprimerie Nationale, 1948), pp. 204-205.

③ Mogens Weitemeyer, *Some Aspects of the Hiring of Workers in the Sippar Region at the Time of Hammurabi* (Copenhagen: Munksgaard International Booksellers and Publishers, 1962), p. 12.

表人数不同的团队或不同劳动所需要的不同薪酬。

总之，某些陶筹——多为朴素陶筹，在压印符号中得以延续，而另一些——多为复杂陶筹，则转化为刻画的象形文字。带有多种标记的复杂陶筹显然不适于压印，而用笔把它们转化成符号则更为方便。为何出现两种字体的原因很可能在于，不同的事物需要用不同的方式来处理陶筹。圆锥体、打了点的圆锥体、球体、盘状物和圆柱体是最常见的被封存在封球中的陶筹，因此，它们转化成了压印标记。另一方面，复杂陶筹被打了孔，并用线穿了起来，因此，它们根本就不能被转化成压印标记。反过来，把陶筹保存为档案的方式不同，这很可能是因为不同类型的陶筹代表了不同的事物。朴素陶筹代表农场和乡村中的产品，而复杂陶筹代表城市中的手工制品。因此，我们有理由推测，不同的事物对两种陶筹的处理方式不同。值得注意的是，带有刻画符号的卵形体是个例外，它们有时被封存在封球中，有时则被打了孔并被穿了起来。在乌鲁克的30个带有刻画符号的卵形体中，有10个被封存在了封球中（图12），[①]有5个被打了孔。[②] 这可能解释了为什么带有刻画符号的卵形体既转化成了压印符号，又转化成了刻画符号的原因。

符号的含义和与之相对应的陶筹

要想理解象形文字、压印标记，甚至是陶筹的含义，关键在于

[①] W 20987.7:7 and 20987.27: 3.
[②] W 2566, 7176, 8206, 8945, 16235.

公元前3千纪的楔形文字。在某些情况下，亚述学家能够追溯楔形文字符号的演变情况，从更古老的形式一直追溯到它们在公元前4千纪晚期的原型。这里提出的象形文字和它们可能对应的压印符号的解释是下面几位学者的研究成果：法尔肯施泰因、格林、兰登、沙尔金斯卡和魏曼。所有这些学者均从逻辑上推测，最初的符号与之后演变而来的楔形文字符号皆有相同的含义。因此，我们有理由相信，压印符号延续了它们的陶筹原型的含义。

压印符号

朴素圆锥体、球体和扁盘状物：谷物的度量单位（？）

1932年，蒂罗-丹然推测，压印的楔形和圆形符号代表度量单位，特别是谷物的度量单位。[①] 魏曼、约兰·弗里贝里、汉斯·尼森、彼得·达梅罗和罗伯特·英格伦近期的研究成果也得出了相同的结论。[②] 弗里贝里建议，短楔代表一种谷物的度量单位，很可能是"ban"——苏美尔语中最基本的燕麦的度量单位，相当于6升谷物。根据他的观点，六倍于"ban"的度量单位是"bariga"，由圆形标记来表示。[③] 这些代表谷物的度量单位的符号，它们的形状很可能源于圆锥体和球体的陶筹。很显然，小圆锥体通常代表谷物

[①] François Thureau-Dangin, "Notes assyriologiques," *Revue d'Assyriologie et d'Archéologie Orientale* 29, no. 1（1932）: 23.

[②] Vaiman, "Protosumerische Schrift," pp. 17-22; Friberg, *Third Millennium Roots*, pp. 10, 20（这些符号指称"杯子"和"盘子"）; Nissen, Damerow, and Englund, *Archaic Bookkeeping*, p. 29.

[③] Jöran Friberg, "Numbers and Measures in the Earliest Written Records," *Scientific American* 250, no. 2（1984）: 116.

的小的度量单位。球体代表谷物的另一种较大的度量单位，并且是基本的度量单位。大圆锥体和大球体代表谷物的更大的度量单位。弗里贝里认为，大楔形与大圆锥体相对应，相当于 180 *ban* 的大麦。楔形若以侧面的形式出现，或者只有两个顶点，则代表"*ban*"的几分之一。

当封球中封存有扁盘状物时，它们和小球体[①]存放在一起，有时扁盘状物、小球体和大球体三者存放在一起，这样的四个标本具有一定的意义。[②] 封存在封球中的球体和扁盘状物似乎与泥版上经常出现的深圆形和浅圆形的压印符号相对应。因此我推测，球体、大球体和扁盘状物代表谷物的三种度量单位：1 *bariga*、10 *bariga* 和（？）*bariga*，三者是苏美尔语后来出现的度量单位。这三个圆形符号可能对应着以下三个符号：ATU 897、913 和 907。

然而，我们还可以推测，在史前时期，圆锥体、球体和盘状物代表了尚未标准化的谷物的度量单位。它们很可能指称通常用来盛装物品的容器，例如：一个"小篮子"、一个"大篮子"或一座"谷仓"。这些度量单位可能相当于现在使用的、非正式的度量单位——一"杯糖"和一"扎啤酒"。因此，我们可以推测，史前时期的度量单位绝对是不精确的。直到公元前 4 千纪晚期，球体仍然不能精确地代表圆锥体或盘状物的倍数或分数。在乌鲁克晚期或有史时期的早期之前，这些单位很可能仍未演变成标准的度量单位，当时它们的比例关系如下：

---

① Susa: Sb 1938 and 1946; S.ACR.2130.4.
② 舒加米什：芝加哥大学东方学院展出的封球。

燕麦

5　　　6　　10　　3

BAN　　BARIGA

谷物的度量单位：Še- 系统，引自 Jöran Friberg, *The Third Millennium Roots of Babylonian Mathematics*（Göteborg: Chalmers University of Technology and University of Göteborg, 1978–1979），p. 10.

打了点的圆锥体和球体：土地的度量单位（？）

苏美尔的土地度量单位系统包括：*bur*、*eše* 和 *iku*，还包括它们的分数和倍数，这些单位分别由圆形符号和楔形符号来表示，有些还带有一个小点或一个刻画符号。[1] 这些符号的外形与打了点的圆锥体、带切口的球体和打了点的球体具有一定的相似之处，这表明，这些陶筹很可能已经被当作土地的度量单位来使用了。代表谷物和土地的度量单位的算筹，它们在外形上非常相似，这可能表明了，在早期社会，土地的度量单位的计算通常以耕种这片土地所需要的种子的数量为基准。[2]

在史前时期，用陶筹表示的土地的单位并未被视为标准化的度量单位[3]。只有到了公元前4千纪晚期或公元前3千纪早期，它们才演变得具有特定的比率，即：

---

[1] Friberg, *Third Millennium Roots*, p. 46.

[2] Marvin A. Powell, Jr., "Sumerian Area Measures and the Alleged Decimal Substratum," *Zeitschrift für Assyriologie* 62, no. 3 (1973): 201; John Chadwick, *The Mycenaean World* (Cambridge: Cambridge University Press, 1976), p. 110.

[3] 史前时期，各个度量单位之间的比率无固定值，有十进制，也有六进制。地区之间也有差异，同一符号在某一地区可能为十进制，在另一地区可能为六进制，所以是"未标准化"的度量单位，后来各个单位之间的比率比较固定。——译者

土地

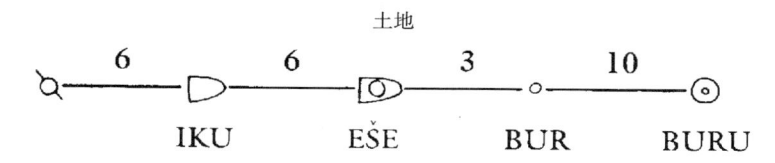

6	6	3	10
IKU	EŠE	BUR	BURU

土地的度量单位：引自 Jöran Friberg, *The Third Millennium Roots of Babylonian Mathematics*（Göteborg: Chalmers University of Technology and University of Göteborg, 1978–1979），p. 46.

圆柱体和凸盘状物：动物的计数单位（？）

约兰·弗里贝里确定了一个用来记录动物的特殊记账系统，它在埃兰和乌鲁克都曾被使用过。[1] 这些代表某种动物的符号由长楔组成——我推测，它们可能源于圆柱体（类型 4∶1）。苏萨的封球 Sb 1940 印证了这一推测，它的表面带有三个长楔形符号，与里面封存的三个圆柱体相对应。[2]

根据弗里贝里的研究，代表十个动物的符号是一个圆圈，而我认为，这个书写符号代表的是凸盘状物（类型 3∶10）。苏萨的封球 Sb 1940 同样也印证了我的推测，它的里面封存有三个凸盘状物，表面上带有三个圆形标记。[3] 若这一解释是正确的，则凸盘状物是唯一一个用单个陶筹代表多个物品的例子。我猜测，凸盘状物的原型的含义是"一群"。只是到了公元前 4 千纪晚期或公元前 3 千纪早期，压印的圆形符号才代表精确的数字："十个动物"。

圆柱体和凸盘状物似乎被用来记录动物的数量，而不管它们的性别和年龄。因为绵羊和山羊在美索不达米亚和埃兰都非常普遍，

---

[1] Friberg, *Third Millennium Roots*, p. 21; W 21859, UVB 25, pl. 27k.
[2] Sb 1940, M 43, p. 92: 555.
[3] Ibid.

因此，这里所涉及的动物大多为小的家畜。

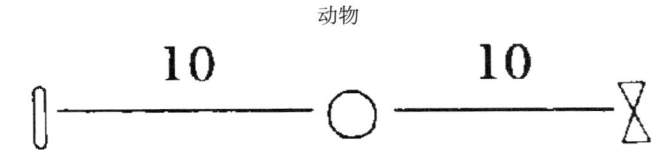

动物的计数单位：引自 Jöran Friberg, *The Third Millennium Roots of Babylonian Mathematics*（Göteborg: Chalmers University of Technology and University of Göteborg, 1978-1979），p. 21.

朴素陶筹最为常见，也最为古老，它们代表常用物品的数量，包括谷物和家畜，同时也是土地的度量单位。它们还导致了一系列与之相对应的压印符号的产生，首先是代表谷物的度量单位，第二是动物的计数单位，第三是土地的度量单位。这三类陶筹/符号并不经常出现在同一个封球中或同一块泥版上。然而在一个苏萨的标本中，凸盘状物和圆锥体被封存在了同一个封球中。[1] 这种特殊的记账方式很可能代表了饲料的数量，因为特定数量的饲料要分配给特定数量的动物。

总之，从公元前 4 千纪至公元前 3 千纪的压印符号的含义可以逆向推导出公元前 4 千纪的朴素陶筹的含义。但是出土于公元前 8 千纪至公元前 5 千纪，尚处在史前时代的圆锥体、球体、盘状物和圆柱体又表示什么呢？我们可以假定它们与公元前 4 千纪的陶筹有相同的含义吗？我们根本不会知道答案。唯一的线索就是，这些符号和标记均持续了很长一段时间，它们以一种独特的方式经受住了时间的考验。以代表数字 1、2、3 等的符号为例，它们自公元前

---

[1] Sb 1927, M 43, p. 91: 539, pl. 68.

700年出现以来,就基本未发生过改变。符号毕竟是为了交流信息才发明出来的,任何在使用中出现的偏离都会造成误解和混乱。特伦斯·格里德认为,符号学中的"分离"只是社会或环境剧烈变化的结果。[①] 然而,在新石器时代和青铜时代的近东地区并未发生过这种剧变。与之相反,这段时间非常安定,是文化上的稳定期。

另一个棘手的问题是,圆锥体、球体、盘状物和圆柱体是否把相同的含义从地中海沿岸传播到了加勒比海。当学者们尚不能回答这个问题时,一些论据却可以证明,它们的确把相同的含义传播到了加勒比海。首先,借入比重新创造要容易。第二,圆锥体、球体、盘状物和圆柱体的形状最容易制作,根据省力原则,它们代表最常见的事物:谷物和动物。当谷物种植和动物饲养在整个近东地区均非常普遍时,把整个系统完全引入进来是非常容易的。第三,陶筹是记录概念的符号,它们并不记录语音,讲不同语言的人皆可使用。此外,陶筹相当于我们现在使用的数字。数字源自印度,在当今的世界上使用得也最为广泛。尽管无数的人讲着不同的语言,但对他们来说,这些数字却表达了相同的概念。

刻画符号

由象形文字追溯到的陶筹同样代表物品的单位。由此可得出结论,在陶筹存在的整个时期,陶筹系统均为记录物品的记账方式。某些复杂陶筹被用来记录动物和谷物的数量。与朴素陶筹不同的是,它们更精确。圆柱体和凸盘状物代表牲畜的数量,而复杂算筹

---

① Terence Grieder, "The Interpretation of Ancient Symbols," *American Anthropologist* 77, no. 4 (1975): 849–855.

则表示了种类("肥尾绵羊",类型 2∶15)、性别("母羊",类型 3∶54)和年龄("羊羔",类型 3∶14)。公元前 3500 年左右,在大城市中,陶筹类型和亚型的数量激增,这似乎反映出,人们在当时需要更大的精确性。

另一方面,大多数复杂陶筹均出土自公元前 4 千纪的大中心地带,它们代表精细产品,例如:面包、油、香水、羊毛、绳子,以及包括金属、手镯、布料、外衣、席子、家具、工具、各种石头和陶器在内的手工作坊里生产的产品。陶筹形状的数量在史前时期大量增加,这表明,经加工的产品也被列入神庙需要记账的物品之内。

因此,朴素陶筹和复杂陶筹不仅在形状和标记上有所差别,它们所代表的物品的处理和存储方式也不相同。朴素陶筹代表乡村的产品,而复杂陶筹则代表城市中经加工的产品。

数字

象形文字泥版上出现了数字,这开启了用数字来表达物品单位的新模式。我们已经从封球中的陶筹了解到,所要记录的物品有多少,陶筹就会重复多少次。"一罐油"由代表一罐油的单个陶筹来表示,"两罐油"由两个这样的陶筹来表示,"三罐油"由三个来表示,以此类推(图 12 和图 16)。这种粗陋的系统被象形文字泥版上代表 1、2、3 等抽象数量的数字或符号所取代。压印符号使用一一对应的重复方式来表达相应单位的数量,而象形文字从来不是通过这种方式,而是通过文字前面加数字的方式来表达数量。例如,代表"油罐"的符号前面有数字 1、2、3 等。

代表数字 1 的符号是一个短楔，与代表谷物的较小单位的符号一致。代表 2、3、4、5 的符号是两个、三个、四个或五个楔，代表 10 的是一个圆形符号，与代表谷物的较大单位的符号相同。代表 60 的符号同样是一个大楔；代表 600 的是一个打了点的大楔，代表 3600 的是一个大的圆形符号。① 压印符号一方面保持了它们最原始的含义——谷物的度量单位，另一方面也可以代表数字。这种现象导致了歧义的产生，特别是当这些符号被书写在泥版上的时候。在同一篇文献中，相同的符号既可以表示谷物的度量单位，又可以表示数字。比如说，有些泥版记录了分配给工人的谷物的份额，在这些泥版中，相同的符号既可以表示要给付薪酬的工人的数量，又可以表示他们得到的谷物的数量。② 古阿拉米语的文字系统也存在同样的问题。③

数字使记号更加简洁，因为用六个符号就可以表示 33 罐油：三个圆圈和三个楔形。符号含义的分歧很重要，因为这明显标示出了物品在数量化的过程中所发生的认知偏离。

压印泥版在文字演变过程中所处的地位

在陶筹演变成符号的过程中，压印泥版是第三步，排在陶筹和封球标记之后，它们被象形文字所取代。

压印泥版和封球之间有很多相似点。第一，压印泥版与封球

---

① Nissen, Damerow, and Englund, *Archaic Bookkeeping*, pp. 28-29.
② Jöran Friberg, "Numbers and Measures," p. 111.
③ Ibid., p. 118.

采用了相同的质料：它们均由黏土制成。泥版与它的直系前身有基本相同的形状和大小。亚当·法尔肯施泰因认为，奇怪的是，最早的、用象形文字书写的乌鲁克泥版有时居然是凸面的——封球在它们之前出现，这些泥版很可能延续了封球的圆形形状。① 封球和泥版的结构当然不同，封球是中空的，因为制作它们的目的是为了存放和保存一定数量的陶筹。后来，陶筹消失了，泥版自然就变成实心的了。

印记覆盖了几乎大多数封球和泥版的整个表面，这是压印泥版和封球之间另外一个非常重要的相似之处。当时所使用的印章大多数是滚印，平面印章非常稀少，压印泥版和封球表面的印记不仅是由相同类型的印章印上去的，而且雕刻风格也相同。比方说，出现在两种器物上的很多主题均相同：神庙和各种各样的容器。② 另外，在苏萨③和乌鲁克，④很多泥版和封球偶尔还压印有同一印章的印记。这也证明了，两种保存档案的方式是由相同的神庙人员或个人来处理的。

更重要的是，在形状、技术和排列等方面，压印泥版上的符号与封球表面的符号也相似。首先，相同的符号在两种类型的器物上反复出现。特别是压印在封球表面的标记——短楔和长楔，深圆形、浅圆形和椭圆形——与泥版上的符号相比，几乎未发生任何变

---

① ATU 7.
② M 43: motifs 692, 629, and 633.
③ Dafi 8a, pp. 52–53, fig. 7: 2 and 8.
④ Mark A. Brandes, *Siegelabrollungen aus den archaischen Bauschichten in Uruk-Warka,* Freiburger altorientalische Studien, vol. 3 (Wiesbaden: Franz Steiner Verlag, 1979), p. 39.

化。① 但压印在泥版上的符号比封球表面的标记要多得多。这可能是因为，带有标记的封球只有 19 个，而压印泥版却有 240 块。还可能是因为，当使用泥版时，二维空间给书吏创造了更多的可能性，让他们可以发明出更多的新符号。因此，他们可以控制楔形，既可以翻转过来使用侧面（符号 1d），也可以把楔形叠加起来（符号 1e）。

第二，封球表面最常使用的压印标记的制作技术同样应用在了泥版之上。符号仍然是把陶筹压印在泥版表面而形成的，这一点在 Sb 2313（图 19）上最明显。最常见的另一种方式就是使用钝的笔（图 18）。

第三点也是最后一点，泥版上的符号是横向排列的，与封球表面的标记有相同的等级顺序。以苏萨的一个封球为例，一行圆形符号后面是一行楔形符号，与泥版上的符号顺序完全相同。② 这可能从反面印证了，记账人员在史前时期就是按照一定的等级顺序把陶筹排列成行的。

然而，压印符号与封球表面的标记却有着不同的功用。在二者均使用了算筹的情况下，它们的功用发生了一定的偏差。为了记账人员的方便起见，封球表面的标记只是重复封球中封存的陶筹的信息。而在泥版阶段，符号则完全取代了陶筹。

压印泥版从封球那里继承下来的形式延续了很长一段时间。直到公元纪年之前，人们仍然在用黏土制作泥版，泥版的形状仍然像

---

① 圆锥体的顶端被压印在了封球 Sb 1927, M 43, pl. 68: 539 上，相同的手法还用在了泥版 Sb 6959, M 43, pl. 79: 620 上。

② Sb 1940, M 43, p. 92: 555.

个软垫子，并且在上面盖有相同的印记。① 符号的排列顺序和等级顺序也同样持续了很多个世纪。② 甚至在很长一段时间内，泥版的功用仍然以经济为主。然而，书写的技术就是从那些粗陋的压印符号演变而来的，它们最终演变成了刻画的象形文字，而且更容易辨识——后来人们就用功用更加强大的三角笔来书写文字了。

---

① 有趣的是，自乌尔第三王朝（公元前 3 千纪晚期）开始，有些泥版被黏土封球保护了起来。

② A. A. Vaiman, "Formal'nye osobennosti protosumerkish tekstov," *Vestnik Drevnej Istorii* 119, no. 1（1972）: 124-131; M. W. Green, "The Construction and Implementation of the Cuneiform Writing System," *Visible language* 15, no. 4（1981）: 345-372; D. Silvestri, L. Tonelli, and V. Valeri, *Testi e Segni di Uruk IV*（Naples: Istituto Universitario Orientale, Dipartimento di Studi del Mondo Classico e del Mediterraneo Antico, 1985）, pp. 34-42.

第二部分

阐　　释

第五章　象征在史前时期的演变

　　个体把他们的智慧应用在了象征而不是物品上面，然后他们就走出了具体的经验世界，走进了概念关系的世界，后者是由扩大了的时间和宇宙空间创造出来的。时间世界不断延伸，超越了记忆的范围，空间世界无限扩大，超越了已知的天地。

——哈罗德·英尼斯[①]

　　考古研究的特点就是处理数据并对它们进行阐释。我将在接下来的三章中通过与陶筹系统有关的事实和推测，在更广的范围内证明陶筹在信息交流、社会结构和认知技能方面的意义。

　　本章主要讨论陶筹在其他史前象征系统中的地位。首先我要介绍一下象征在旧石器时代至新石器时代的相关情况，然后分析陶筹是怎样从根本上改变了象征的使用并预示着文字的产生的——这恐怕还要归功于它们的前身。

---

① Harold A. Innis, *Empire and Communications* (Oxford: Clarendon Press, 1950), p. 11.

象征和符号

具有特殊意义的象征可以让我们接收、传递和交流思想。以我们的社会为例，黑色象征着死亡，装饰有星星的旗子象征着美利坚合众国，十字象征着基督教。

符号是象征的子范畴。与象征相同，符号能够表达意义，但它们传递的信息更精细、更精确，不模棱两可。比较一下象征死亡的黑色和符号"1"，黑色的象征意义既深奥，又广泛，而1这个符号非常明确地指代数字"一"。象征和符号的使用也不相同：象征帮助我们接收和表达思想，而符号是以行动为目的的一种交际方式。[1]

因为象征是人类的行为特点之一，在人类的初始阶段它就已经是人类定义的一个组成部分了。[2] 自人类的初级阶段伊始，象征就被用来概括人类的知识、经验和信仰。人类自初级阶段起，同样也使用符号来交流信息。因此，象征和符号均是理解文化的主要线索。

然而，象征转瞬即逝，通常并没有在创造了它们的社会中延续下来。原因之一就是因为它们携带的含义模棱两可。比方说，在我们的文化中，黑颜色让人联想到死亡，而在另一种文化中却可能代表生命。象征最本质的特点就是，它们的含义并不能通过感觉或逻辑来获得，而只能通过使用它们的人来了解。[3] 因此，当一种文化

---

[1] Suzanne K. Langer, *Philosophy in a New Key* (Cambridge: Harvard University Press, 1960), pp. 41–43.

[2] Jerome S. Bruner, "On Cognitive Growth II," in Jerome S. Bruner et al., *Studies in Cognitive Growth* (New York: John Wiley and Sons, 1966), p. 47.

[3] Ibid., p. 31.

消失了以后，这种文化背后的象征也就成了一个谜，因为再没有人能够给它们增添新的含义。也正是因为如此，史前社会遗留下来的象征不仅数量极其稀少，而且即使是那些流传下来的象征，人们也难以做出解释。

旧石器时代早期和中期的象征

尽管早在旧石器时代早期，即60万年前，人类就已经出现在了近东的大地上，象征却没有能够从那个久远的年代保留下来。考古学上最早的、能够证明近东地区使用过象征的证据属于穴居人时代，即公元前6万年至公元前2.5万年左右的旧石器时代的中期。该数据包含三个方面。第一，在以色列的加夫泽赫洞发现了赭土。[①]我们当然不可能知道，赭土在当时是做什么用的，但那上面的红色颜料却表明，它们与象征有关，不过没有什么实际用途。有些学者猜测，那很可能是用来涂抹身体的。第二，学者们在沙尼达尔的坟墓中还找到了许多随葬品，例如：鲜花或鹿角。这些物品的年代大约在公元前6万年左右，[②]在加夫泽赫[③]也找到了同样的东西。尽管我们不可能知道，对穴居人来说，那些赭土、鲜花和鹿角到底有什么含义，但我们大致可以推测，红色的颜料和坟墓中的物品是一种象征，它们带有巫术-宗教方面的含义。因此，近东地区最早使用

---

① B. Vandermeersch, "Ce que révèlent les sépultures moustériennes de Qafzeh en Israël," *Archeologia* 45 (1972): 12.

② Ralph S. Solecki, *Shanidar* (London: Allen Lane, Penguin Press, 1972), pp. 174–178.

③ Vandermeersch, "Ce que révèlent les sépultures," p. 5.

象征的证据表明,象征在宗教仪式方面起着一定的作用。

第三组器物是刻有很多切口的骨头残片,那上面的切口通常平行排列,就像在凯巴拉岩洞中发现的一样。① 就目前的研究来说,这些刻有切口的骨头具有重大的意义,它们可能是迄今已知的、近东地区最早的、由人工制成的象征符号。在沙尼达尔,穴居人通过自然界中已经存在的颜料和鲜花来表达意义,而凯巴拉居民已经开始通过改造物品来传达思想了。

旧石器时代晚期和中石器时代的象征

旧石器时代晚期和中石器时代仍然使用相同的象征。赭土已经被证实具有很高的使用频率,② 在以色列哈尤尼姆的发掘中还找到了带有切口的骨头,时间在公元前2.8万年左右,③ 在黎巴嫩的吉伊塔④ 和卡萨尔阿基尔也找到了同样的东西,时间大约在公元前1.5万年至公元前1.2万年左右。卡萨尔阿基尔出土的一个骨锥,长约

---

① Simon Davis, "Incised Bones from the Mousterian of Kebara Cave (Mount Carmel) and the Aurignacian of Ha-Yonim Cave (Western Galilee), Israel," *Paléorient* 2, no. 1 (1974): 181-182.

② 所涉及的遗址包括 Ksar Akil, Yabrud Ⅱ, Hayonim 和 Abu-Halka: Ofer Bar-Yosef and Anna Belfer-Cohen, "The Early Upper Paleolithic in Levantine Caves," in J. F. Hoffecker and C. A. Wolf, eds., *The Early Upper Paleolithic: Evidence from Europe and the Near East,* BAR International Series 437 (Oxford, 1988), p. 29.

③ Davis, "Incised Bones," pp. 181-182.

④ Loraine Copeland and Francis Hours, "Engraved and Plain Bone Tools from Jiita (Lebanon) and Their Early Kebaran Context," *Proceedings of the Prehistoric Society*, vol. 43 (1977), pp. 295-301.

10厘米,手柄上刻画有170多个切口,分四栏排列(图27)。① 在哈尤尼姆,②雷凡特地区纳图夫安的其他遗址,③甚至是公元前1万年左右、遥远的内盖夫也出土了类似的器物。④ 同时,从雷凡特到伊拉克的遗址中均出土了鹅卵石、各种石灰石和骨质器物,它们的表面均刻有平行的线条。⑤

图27. 带有切口的骨头,黎巴嫩,卡萨尔阿基尔。
由哈佛大学皮博迪博物馆,亚历山大·马沙克提供。

图形象征是一种新的象征,它们出现在旧石器时代晚期的西亚。在公元前2.8万年左右的哈尤尼姆,这些象征表现为石板的形

---

① Jacques Tixier, "Poinçon décoré du Paléolithique Supérieur à Ksar'Aqil (Liban)," *Paléorient* 2, no. 1 (1974): 187-192.

② Ofer Bar-Yosef and N. Goren, "Natufians Remains in Hayonim Cave," *Paléorient* 1 (1973): fig. 8: 16-17.

③ Jean Perrot, "Le Gisement natufien de Mallaha (Eynan), Israel," *L'Anthropologie* 70, nos. 5-6 (1966): fig. 22: 26. Kharaneh Ⅳ,阶段D的一块带有刻画符号的桡骨可能与此时代相同: Mujahed Muheisen, "The Epipalaeolithic Phases of Kharaneh Ⅳ," *Colloque International CNRS, Préhistoire du Levant* 2 (Lyons, 1988), p. 11, fig. 7.

④ Donald O. Henry, "Preagricultural Sedentism: The Natufian Example," in T. Douglas Price and James A. Brown, eds., *Prehistoric Hunter-Gatherers* (New York: Academic Press, 1985), p. 376.

⑤ Phillip C. Edwards, "Late Pleistocene Occupation in Wadi al-Hammeh, Jordan Valley," Ph.D. dissertation, University of Sydney, 1987, fig. 4.29: 3-8; Rose L. Solecki, *An Early Village Site at Zawi Chemi Shanidar*, Bibliotheca Mesopotamica, vol. 13 (Malibu, Calif.: Undena Publications, 1981), pp. 43, 48, 50, pl. 8r, fig. 15p.

状,上面刻有精细的线条,像是一匹马。① 在土耳其的贝尔迪比岩洞中找到了野牛和鹿的形象,时间为公元前1.5万年至公元前1.2万年左右,当时的人们用燧石把它们画在了洞壁②和鹅卵石上。③

我们只能猜测那些带有切口的骨头和动物形象在旧石器时代和中石器时代到底起着什么作用。安德烈·勒鲁瓦-古朗认为,这些形象带有巫术-宗教方面的象征意义。据他所说,动物的形象代表超自然的东西,每一种代表一个复杂的宇宙天体。④ 勒鲁瓦-古朗还认为,这些动物图形是被赋予了深刻含义的象征,它们是一种思想工具,能够使那些抽象的宇宙天体概念更容易被理解。另一方面,在考古学的早期,刻有切口的骨头被解释成计数器,每个切口代表一个所要记录的事物。⑤ 根据亚历山大·马沙克近期的研究,这些器物代表的是阴历,每一个切口代表月亮出现了一次。⑥ 一直以来,学者们都认为线性的标记代表离散的具象实体。因此,我认为我们可以把切口看作是符号,它们推动着知识朝着某个特定的方向逐渐积累。若这些推测是正确的,则计数器就是一种证据,它们证明了

---

① Anna Belfer-Cohen and Ofer Bar-Yosef, "The Aurignacian at Hayonim Cave," *Paléorient* 7, no. 2 (1981): fig. 8.

② Enver Y. Bostanci, "Researches on the Mediterranean Coast of Anatolia, a New Paleolithic Site at Beldibi near Antalya," *Anatolia* 4 (1959): 140, pl. 11.

③ Enver Y. Bostanci, "Important Artistic Objects from the Beldibi Excavations," *Antropoloji* 1, no. 2. (1964): 25–31.

④ André Leroi-Gourhan, *Préhistoire de l'art occidental* (Paris: Editions Lucien Mazenod, 1971), pp. 119–121.

⑤ Denis Peyrony, *Eléments de préhistoire* (Ussel: G. Eybouler et Fils, 1927), p. 54.

⑥ Alexander Marshack, *The Roots of Civilization* (New York: McGraw-Hill, 1972).

至少在旧石器时代中期,近东地区就已经开始使用符号了。倘若这些证据所反映的情况属实,则用符号来表达实用信息应产生于在仪式中使用象征之后。

若带有切口的骨头确为计数器,旧石器时代和中石器时代凯巴拉、哈尤尼姆、卡萨尔阿基尔和吉伊塔的线性标记则具有相当重大的意义,因为它们表明了,在近东地区,人们首次试图存储和交流具象的信息。"数据处理"的第一步有两个重大贡献。第一,计数器与仪式上所使用的象征分离了开来,计数器开始处理具象的数据。它们传递能够感知到的物理现象,例如:月亮的阴晴圆缺,而不是用来描述触摸不到的宇宙天体。第二,切口符号用以下几种方式来提炼数据:

1. 它们把具象的信息转化为抽象的标记。
2. 它们把数据从背景环境中抽离了出来。例如:月亮的出现被从任何一个在气象上或在社会中同时发生的事件里抽离了出来。
3. 它们使知识与理解者发生了分离。正如沃尔特·翁[1]和马歇尔·麦克卢汉所说,它们以一种"冰冷的"、静止的视觉符号而不是"火热的"、灵活的语言媒介来呈现数据,后者需要调节声音和身体姿势。[2]

因此,卡萨尔阿基尔和吉伊塔的图形符号不仅是一种记录、处理和

---

[1] Walther J. Ong, *Orality and Literacy* (New York: Methuen, 1982), p. 46.
[2] Marshall McLuhan, *Understanding Media* (New York: New American Library, 1964), pp. 81-90.

交流数据的新方法，它们在处理信息方面还激发了前所未有的客观性。

然而，计数器毕竟是一种初级的方法。第一，切口的所指并不具体，可以解释成任何事物。马沙克推断，那些符号代表月亮的阴晴圆缺，另一些学者推测，它们被用来记录杀死了多少个动物。但是我们却没有办法证实这些符号的含义。实际上，刻有切口的计数器只能用来记录事物的数量信息，对记账者来说，这些事物是已知的，而对其他人来说却是未知的。这些数量遵守一一对应的基本原则，一种事物的每一个单位皆由一个切口来表示。另外，因为计数器只使用单一种类的标记，即切口，它们一次只能处理一种数据。一块骨头只能记录一种事物的数据，如需记录另一种事物的数据，则需要另外一根骨头。因此，计数器这种简单的方式只适用于仅有几种显而易见的事物需要记录的社会形态，旧石器时代晚期似乎就属于这种情况。

当然，在公元前1万年前，骨制计数器很可能并不是存储信息的唯一方式。与前文字时期的社会相同，旧石器时代和中石器时代的人们很有可能使用鹅卵石、树枝或谷物来计数。若是如此，则算筹与计数器具有相同的缺陷。首先，鹅卵石与骨柄上的切口相同，皆不能表明它们到底记录的是何种事物。只有做标记或堆鹅卵石的人才知道所要记录的是哪些东西。第二，因为它们并不具体，因此，鹅卵石和树枝一次不能记录多于一种的事物。一堆鹅卵石或一根骨头能够记录连续的天数，而另一堆鹅卵石和另一根骨头很可能记录的是动物的数量。第三点也是最后一点，我们可以推测，像计数器这样的松散算筹在使用的过程中遵循一一对应的原则——一个鹅卵石或一根树枝只能代表一个单位，不可能表达抽象的数字，因此，使用起来非常麻烦。比方说，一个鹅卵石代表一天，两个鹅卵石代表两天，以此类推。松散算筹使数据处理更加简便，因为它们易于操作。另外，刻有切口的骨头更能胜任收集和存储数据的工作，因为切口是永久性的，不会散开。

新石器时代的象征

近东地区农业社会的早期仍然沿用了象征这种古老的习惯。早期的农民把鹿角放在房子的地基里，还把他们的地板涂上颜色。[1]在举行葬礼仪式时，他们有时也使用红色的赭土。[2]当时，人类和动物的形象还被制成黏土雕像。[3]另外，刻有切口的骨头仍然属于村落的集体物品。[4]但是，农业生产活动创造了新的象征——它们无疑是新经济和新生活的产物。新象征的形状和内容都与之前的不同。它们是用黏土制成的陶筹，形式多样，每一种代表一种产品的

---

[1] Jacques Cauvin, *Les Premiers Villages de Syrie-Palestine du IX ème au VII ème Millénaire avant J. C.*, Collection de la Maison de l'Orient Méditerranéen Ancien no. 4, Série Archéologique 3 (Lyons: Maison de l'Orient, 1978), p. 111; Jacques Cauvin, "Nouvelles fouilles à Mureybet (Syrie) 1971-1972, Rapport préliminaire," *Annales Archéologiques Arabes Syriennes* (1972): 110.

[2] Robert J. Braidwood, Bruce Howe, Charles A. Reed, "The Iranian Prehistoric Project," *Science* 133, no. 3469 (1961): 2008.

[3] Denise Schmandt-Besserat: "The Use of Clay before Pottery in the Zagros," *Expedition* 16, no. 2 (1974): 11-12; "The Earliest Uses of Clay in Syria," *Expedition* 19, no. 3 (1977): 30-31.

[4] Charles L. Redman, *The Rise of Civilization* (San Francisco: W. H. Freeman and Company, 1978), p. 163, fig. 5-18: A.

精确数量。

新形状

最初,陶筹是独一无二的,因为它们完全由手工制成。鹅卵石、树枝和谷物的第二作用才是计数,计数器通过对骨头进行微小的改动来表达含义,陶筹则与它们都不相同。无形状的黏土可以制成各种特定形状的陶筹,例如:圆锥体、球体、盘状物、圆柱体和四面体。制作陶筹的唯一目的就是为了交流信息和做记录。

陶筹是一种崭新的传递信息的媒介。当每种陶筹形状,如:圆锥体、球体或盘状物被赋予了特定的含义时,就产生了概念上的飞越。计数器上的标记有无数种可能的解释,而每一个黏土陶筹就是一个独特的符号,具有唯一的、具体的、明确的含义。若无背景知识,计数器则毫无意义,而任何一个了解陶筹系统的人在任何时候均能知道陶筹的含义。因此,陶筹预示着象形文字的产生:每个陶筹代表一个独立的概念。陶筹与后来的苏美尔象形文字一样,两者皆为"概念符号"。[1]

新媒介最大的创新就是,它创造了一个系统。带有具体含义的陶筹并不是只有一种类型,而是有整整一大堆,它们彼此相关,每一种表达一个相应的、具体的含义。例如,圆锥体代表谷物的一个较小的度量单位,球体代表谷物的一个较大的度量单位,卵形体代表一罐油,等等。该系统能够同时处理不同类别的物品信息,而之前的数据处理绝对达不到这种复杂程度。通过这种方式,人们可以

---

[1] Ignace J. Gelb, *A Study of Writing* (Chicago: University of Chicago Press, 1974), p. 65.

精确地存储无数条与多种物品相关的信息，而不必依赖人类的记忆。此外，该系统还是开放式的，也就是说，只要有需要就可以创造出新的陶筹形状，并把它们加入进来。永远不断增长的物品类别把这种方式推向了复杂性的新边界。

实际上陶筹系统是最早的编码，也是用来传递信息的最早的符号系统。首先，诸多形状均被系统化了，也就是说，为了表达相同的意义，所有的、不同形状的陶筹皆被系统地重复使用。例如，球体总是代表谷物的特定单位。第二，我们还可以推测，陶筹的使用遵循最基本的语法规则。比方说，记账者很可能在他的桌子上把算筹按照一定的等级顺序排列起来，最右边的陶筹代表最大的单位。苏美尔人也按照相同的顺序把符号排列在泥版上。我们还有理由推测，该做法是从之前的陶筹使用过程中继承下来的。陶筹的系统化对它们的扩张也产生了巨大的影响。陶筹系统演变成一种成熟的编码体系，并从一个社会传播到另一个社会，最终传遍了整个近东大地，在这个过程中，陶筹的每种形状仍保留相同的含义。

陶筹系统几乎不可能产生于旧石器时代和中石器时代。选择用何种材质来制作算筹是一种创新：猎人和采集者却一直忽略了黏土。黏土在自然界大量存在，并且十分容易定型，因此，黏土具有极大的优势。在湿润的情况下，它们的可塑性非常高，即使在没有工具和娴熟技艺的情况下，人们也能创造出各种各样的形状。在太阳下晒干，或是在露天的火焰或炉灶中烘烤之后，黏土就会变硬，可永久保存。

陶筹延续了它的前身的几个特性，可移动个体的排列顺序就是其中之一，这很可能是从用鹅卵石、贝壳、树枝或谷物来计数的做法中得到了灵感。这种排列方式增强了对数据的控制性，因为小的陶筹能够按照任意组合和大小来排列或重排，而刻在计数器上的切口却是固定不变、不可逆转的。

另外，在旧石器时代和中石器时代，均找不到任何一种陶筹形状的前身。但算筹却第一次把几乎每一种基本的几何形状都聚合到了一起，例如：球体、圆锥体、圆柱体、四面体、三角体、长方体和立方体（后者数量极其稀少）。[1] 我们很难估量，在这些形状中哪些是从日常用品中得到的灵感，哪些是完全抽象的。在后一种情况下，分别代表一个单位或一群动物的圆柱体和凸盘状物具有明显的任意性。其他陶筹，例如：圆锥体和卵形体，分别代表一个单位的谷物和一个单位的油，它们又很可能是具象性的，描绘的是一个小杯子和一个尖底的罐。还有一些陶筹的形状是动物的头，它们皆为写实的描绘。

新内容

陶筹系统传递信息的方式也非常独特。旧石器时代的图像形状可能让人联想到宇宙天体，旧石器时代或中石器时代的计数器很可能计算的是时间，而陶筹处理的则是经济数据：每个陶筹代表一种物品的精确数量。正如上面提到的，圆锥体和球体代表粮食的度量单位，很可能相当于我们现在的升和蒲式耳。圆柱体和凸盘状物记录的是动物的数量；四面体是工作量的计量单位，等等。

此外，计数器只记录数量信息，而陶筹则与之不同，它们还传

---

[1] Cyril S. Smith, "A Matter of Form," *Isis* 76, no. 4 (1985): 586.

达质量信息。陶筹的形状代表所要记录的事物的类型，而相应的数量单位对应的则是陶筹的数量。例如，1个球体代表1蒲式耳的谷物，2个球体代表2蒲式耳的谷物，5个球体代表5蒲式耳的谷物（见图28）。因此，陶筹系统与之前的计数器均以简单的、一一对应的原则为基础。这样一来，若要记录较大数量的数据，就会变得非常麻烦，因为人们只能通过模式识别的方式来确认小的集合。但在几个例子中，陶筹却代表物品的集合，凸盘状物代表"一群"（可能是十只羊）就是其中之一。小四面体代表一人一天的工作量，与之相比，大四面体很可能代表一周的工作量或一群人的工作量。

图 28. 封存有五个球体的封球，五个球体代表谷物的五个度量单位（？），伊朗，苏萨。由卢浮宫，古代东方部提供。

陶筹不能把数量从所记录的物品当中抽离出来：1个球体代表"1蒲式耳谷物"，3个球体代表"1蒲式耳谷物、1蒲式耳谷物、1蒲式耳谷物"。无法抽象出数量是这个系统的缺陷，因为若要记录一组事物，就需要相同数量且具有特定形状的陶筹。另外，陶筹类型和亚型的数量随着时间的推移而急剧增长，目的就是为了满足记录越来越精细的账目的需要。因此，记录绵羊数量的陶筹由代表公羊、母羊和羊羔的特定陶筹组成。然而，符号的成倍增长却会导致系统的崩溃。

近东地区新石器时代黏土陶筹的象征系统比旧石器时代的计数器要先进得多，因为它具有下列优势：

A. 系统简单
1. 黏土是常见的原料，不需要特殊的技巧或工具就能操作。
2. 陶筹的外形朴素，易于复制。
3. 系统遵循一一对应的原则，这是处理数量关系最简单的方式。
4. 陶筹代表物品的度量单位。它们不依赖于语音，在任何方言区皆有意义。

B. 编码允许在数据处理和交流的过程中进行新的操作
1. 这是最早的助记方式，能够处理和存储无限量的数据。
2. 在处理信息时，它们具有更大的灵活性，可加、可减，还可以随意调整。
3. 通过仔细查验复杂的数据，它们能够增强决策的逻辑性和合理性。

下一章将讨论编码也是有时间限制的。它满足了由农业生产而引起的计数和记账的新需求，是"新石器革命"最本质的一部分。哪里有农业生产哪里就有它们的身影，最终它们扩展到了整个近东地区。

信息交流和数据存储的转折点

  新石器时代的陶筹系统可能是数据交流和数据处理演变过程中的第二步，它出现在旧石器时代和中石器时代的助记方式之后，城市时代象形文字的发明之前。因此，陶筹是计数器和象形文字之间的纽带。旧石器时代用来计数的计数器或鹅卵石是陶筹的前身，陶筹借鉴了它们的某些要素。而从另一个角度来讲，算筹已经在很多重要的方面预示着文字的到来。

  陶筹系统最主要的是继承了旧石器时代和中石器时代的计数器的数据抽象原则。与计数器相同，陶筹把具象的信息转化成了抽象的标记，并把数据从背景知识中抽离了出来，不再需要已知者的知识。这样一来，客观性就增加了。可移动的小算筹的排列模式很可能源自之前用鹅卵石、贝壳或种子来计数的方式。最重要的是，陶筹延续了计数器和鹅卵石繁琐的、一一对应的数量记录方式。

  另一方面，陶筹是崭新的象征，它们为象形文字的发明打下了基础，预示着象形文字的产生，特别是苏美尔的文字系统。陶筹系统具有以下特点：[1]

  1. 语义性：每个陶筹均有含义，可以交流信息。
  2. 离散性：所传递的信息是具体的。与象形文字一样，每种陶筹的形状均被赋予了特定的含义。例如，带有刻画符号的卵形体与

---

[1] C. F. Hockett, "The Origin of Speech," *Scientific American* 203 (1960): 90–91.

符号 ATU 733 相同,它们都代表一个单位的油。

3. 系统化:为了表达相同的含义,每种陶筹的形状皆被系统地重复使用。例如,一个带有刻画符号的卵形体总是代表相同单位的油。

4. 编码化:陶筹系统由各种各样、相互关联的要素构成。圆锥体代表谷物的一个小的度量单位,球体代表谷物的一个大的度量单位,卵形体代表一罐油,圆柱体代表一个动物,等等。因此,陶筹系统首次使同时处理多种信息成为可能。

5. 开放性:只要能够创造出代表新概念的其他形状,陶筹的种类可以任意增加。陶筹还可以任意组合。这就使人们能够存储涉及多种物品且数量巨大的信息。

6. 任意性:很多陶筹的形状是抽象的,例如,圆柱体和凸盘状物分别代表一个和十个(?)动物。其他陶筹也具有任意性,比方说,一个动物的头上画上一个圈就代表狗。

7. 非连续性:密切相关的陶筹形状可能指代毫无关联的概念。例如,凸盘状物代表十(?)个动物,而扁盘状物则代表谷物的一个大的度量单位。

8. 不依赖于语音:陶筹是概念符号,代表物品的单位。它们不依赖于口说的语言和语音,因此,讲不同语言的人均能理解它们。

9. 排列有序[①]:陶筹按照一定的规则排列。有证据表明,陶筹与算筹均成线性排列,最大的单位排列在最右边。

10. 经济内容:陶筹与最早的文献相同,均只限于处理实物信

---

① 因为在陶筹阶段,并没有"语句",所以此处将"syntax"译成了排列有序,没有理解成"句法规则。"——译者

息。只是在几个世纪之后,大约在公元前 2900 年左右,文字才开始记录历史事件和宗教文献。

陶筹系统最大的缺陷就是它的排列模式。一方面,三维空间使它具有可触摸和易于操作的优势。而另一方面,陶筹的数量就是它最大的弱点。尽管算筹的体积很小,但当被用来记录大的数量时,仍比较麻烦。正如封球中只封存有数量较少的陶筹一样,该系统只限于记录数量较少的物品。陶筹也不适于做永久的记录,因为一组小的物品很轻易地就被分离了开来,并不能按照特定的顺序保存较长的时间。最后,该系统效率低,因为特定的陶筹只能代表一种物品,因此,所需算筹的数量一直在增长。一句话,因为陶筹系统是由松散的三维算筹构成,它们能够有效地记录不同物品的交易,但所涉及的数量较小,且不能传递更复杂的信息。此外,它们还要依靠印章等其他方式来确定交易的出资者/接受者。

与之相反,象形文字泥版沿用陶筹系统中的概念符号、基本排列模式和经济内容。文字摒弃了陶筹系统最大的不足,并给数据存储和交流带来了四个巨大的创新。第一,与松散的三维陶筹不同,象形文字携带的信息是永久性的。第二,泥版能适应信息更加多样化的需求,人们可以在特定的区域记录特定的数据。比方说,代表交易出资者/接受者的符号按照一定的体系被放在表示物品的符号之下。通过这种模式,尽管并没有特定的符号来表示动词和介词,书吏仍可以表达如下信息:"(从)库尔里勒处(收到)十只羊"。第三,象征符号在指称物品时,例如:"绵羊"(ATU 761/ZATU 571)或"油"(ATU 733/ZATU 393),遵循的是一种重复性的、一一对应的原则,而文字终结了这种原则。人们发明了数字,从此,这些新的象征就与代表特定物品的符号放在了一起,指称相应的数量。第四点也是最后一点,文字具有语音性,在这个方面它超越了概念符号系统。也正因如此,文字不仅降低了象征的数量,也向人类的所有领域敞开了大门。

史前近东最早的视觉象征属于莫斯特文化时期,时间大约在公元前6万年至公元前2.5万年之间。这些象征符号包括随葬品,还可能包括身体上的图画,它们表明,穴居人已经发明了用来表达抽象概念的仪式了。[①] 符号(?)的最早证据是刻有切口的计数器,年代同样为旧石器时代中期。我们假定考古数据反映的是真实的情况,那么这些数据表明,象征被用在仪式中的同时,也被用来编辑具象信息。

从公元前3万年左右开始,史前近东信息处理的演变过程就经历了三个主要阶段,每个阶段皆增加了数据的具体性。首先,在旧石器时代中期和晚期,即公元前3万年至公元前1.2万年间,计数器指代非特定事物的一个单位。其次,在新石器时代早期,即公元前8000年左右,陶筹指代特定物品的一个精确单位。到了公元前3100年左右的城市化时期,文字出现了,人们就有可能记录和交流货物的出资者/接受者的名字,这在以前是通过印章来表示的。

新石器时代的陶筹是第二个发展步骤,并且是信息处理的一个重要转折点。它们延续了旧石器时代的数据抽象方式。陶筹系统还

[①] M. Shackley, *Neanderthal Man* (Hamden, Conn.: Archon Books, 1980), p. 113.

被认为是最早的、处理日常具象物品的符号，而旧石器时代的象征却用在了宗教仪式方面，计数器（可能）记录的则是时间。由黏土制成的象征符号表达了基本的概念，是一种既简单又新颖的发明，并且是最早的、对语言起补充作用的符号。它为信息交流开辟了一条崭新的道路，意义非常重大，因为它为文字的发明提供了直接的背景知识。

第六章　陶筹：社会经济的晴雨表

当一种文化系统被制度化以后，档案的数量就会大大增加，随之而来的就是不可避免的、更大程度上的抽象。

——雷蒙德·怀尔德[①]

我要在本章说明一下，社会怎样影响了史前记账技术在每个阶段的发展。计数器、朴素陶筹和复杂陶筹各不相同，因为它们每一种都能满足不同的经济和社会组织结构的需求。而另一方面，文字是其他诱因的产物。

记账技术与经济

经济生活影响了史前的记账技术，因为它控制了哪些事物需要入账。计数器、朴素陶筹和复杂陶筹所记录的事物的范围非常广：前者记录时间，而后两者则记录农产品和手工制品的数量。

---

① Raymond L. Wilder, *Mathematics as a Cultural System* (New York: Pergamon Press, 1981), p. 30.

狩猎和采集

物物交换在记账技术的发展过程中似乎并未发挥什么作用,因为在旧石器时代,食物和原材料的交换均在互惠的基础上进行,并不需要记账或做记录。① 上述观点与常见的观点相悖,而后者则是一种误解。不论是计数器还是陶筹,两者均与黑曜石的远距离运输毫无关联。有充分证据表明早在中石器时代,并且是在黏土算筹发明之前,人们就已经开始这种火山玻璃的交换了。与其他物品一样,黑曜石的交易并不需要记账,因为黑曜石同样是物物交换,或者是作为礼尚往来的礼物。② 交易是当面进行的,并不需要做记录,这一点与本地贸易相同。③

根据亚历山大·马沙克的说法,最早需要记录的事物是时间。每一个刻在骨头上的切口代表月亮出现了一次。④ 计数器即日历的说法是可靠的,因为与月亮相关的记号能够使分散的社会群体每隔一段时间就能聚在一起,重申他们之间的联系,或者是举行某些仪式。

---

① Timothy K. Earle and Jonathon E. Ericson, *Exchange Systems in Prehistory* (New York: Academic Press, 1977), p. 227; Gary A. Wright, *Obsidian Analyses and Prehistoric Near Eastern Trade: 7500 to 3500 B. C.*, Anthropological Papers no. 57 (Ann Arbor: Museum of Anthropology, University of Michigan, 1969), p. 3.

② Harriet Crawford, "The Mechanics of the Obsidian Trade: A Suggestion," *Antiquity* 2 (1979): 130.

③ Fredrik Barth, *Nomads of South Persia* (Oslo: Oslo University Press, 1961), p. 99; Jack Goody, *The Domestication of the Savage Mind* (Cambridge: Cambridge University Press, 1978), p. 15.

④ Alexander Marshack, *The Roots of Civilization* (New York: McGraw-Hill, 1972).

农耕

在公元前 8000 年，是什么使记账成为了一种必需？当时出现了一种崭新的、用来记录物品的陶筹系统。最早的黏土算筹大多为朴素球体、圆锥体、盘状物和圆柱体。因为陶筹似乎代表了燕麦和动物的数量，我们可以这样推断，谷物和牲畜群在早期记账活动中发挥了显著的作用。

叙利亚的穆赖拜特有可靠证据表明，陶筹的发明与燕麦的种植有直接关系。这座遗址的年代大约在公元前 8500 年至公元前 7000 年之间，最初（地层 I 和地层 II）的定居者们是狩猎者和采集者，他们并不使用黏土算筹。陶筹出现在地层 III，时间大约在公元前 8000 年左右，正好与最早的农耕遗迹时间相同。[①] 在穆赖拜特 III 时期，陶筹与植物的种植同时出现并非一种偶然现象，这显示出，农耕使记账成为了一种必需。事实上，在出土了最早的陶筹的五个遗址中，黏土算筹的发明始终与谷物的丰收或贮藏息息相关。在阿西阿卜和詹杰达雷赫，镰刀刃是一种必需的工具。[②] 地窖是穆赖拜特 III、谢赫哈桑以及阿斯瓦德的重要特征之一。[③]

[①] Jacques Cauvin, *Les Premiers Villages de Syrie-Palestine du IX ème au VII ème Millénaire Avant J. C.,* Collection de la Maison de l'Orient Méditerranéen Ancien no. 4, Série Archéologique 3 (Lyons: Maison de l'Orient, 1978), p. 74.

[②] Robert J. Braidwood, "Seeking the World's First Farmers in Persian Kurdistan," *Illustrated London News*, October 22, 1960, p. 695; Philip E. L. Smith, "Prehistoric Excavations at Ganj Dareh Tepe in 1967," *V th International Congress of Iranian Art and Archaeology* (Tehran, 1968), p. 187.

[③] Cauvin, *Les Premiers Villages*, pp. 40, 41-42; Henri de Contenson, "Tell Aswad (Damascène)," *Paléorient* 5 (1979): 153-154.

第六章 陶筹：社会经济的晴雨表

在新石器时代，本地贸易和长途贸易对记账的影响仍然微乎其微。因为出产黑曜石的遗址和拥有陶筹的遗址在分布上相去甚远。比方说，詹杰达雷赫发现了陶筹但未发现黑曜石，而恰塔尔许于克则发现了很多黑曜石却并未发现陶筹。①

工业

工业极大地推动了陶筹系统的发展，因为在公元前4千纪出现了很多代表手工制品的陶筹的新类型和亚型。复杂陶筹呈现了精细产品的形态，例如：布料、外衣、容器和工具；加工食品，例如：油、面包和半成品的烤鸭；还有奢侈品，例如：香水、金属和首饰，这些产品均由城市里的作坊制作而成。

然而，复杂陶筹的发展与贸易却没有什么关系。相反的，乌鲁克探方深处的情况表明，石膏、燧石、黑曜石、铜等进口原材料的数量与陶筹的数量根本不对等。② 尽管神庙很可能从远处的市场得到了这些东西，但交易并未记录在案。

也没有任何证据表明，封球中的陶筹或压印泥版上的符号代表进口的奢侈品。大多数的证据均为朴素陶筹和压印符号，据推测，它们很可能代表当地的农产品，例如：谷物和动物。乌鲁克的封球中有几个复杂陶筹（例如：抛物体）可能代表了苏美尔的典型物品，例如：外衣。此外，所涉及的数量也不多，这也非常典型：封球中封存的陶筹代表大约5蒲式耳的谷物，或5 sila 的油，这些物

---

① Smith, "Prehistoric Excavations," p. 186; James Mellaart, Çatal Hüyük (New York: McGraw-Hill, 1967).

② Dietrich Sürenhagen (see vol. 1, BW, p. 67, fig. 34).

品几乎不可能禁受住任何距离的长途贸易。

压印泥版和象形文字泥版要处理的物品与陶筹系统相同,数量相等。这表明,文字并不曾从经济的任何显著变化中得到恩惠。乌鲁克泥版与哈布巴卡比拉封球中封存的算筹和用线穿起来的陶筹一样,它们皆记录了数量较少的基础产品的数量,例如:谷物、动物、油、外衣和布料。[1]

总之,农业和工业的发展对陶筹系统的发展起到了主要的作用。燕麦的种植与朴素陶筹的发明直接相关,复杂算筹与工业的起始有一定联系。然而,贸易在记账技术的发明过程中并未发挥显著作用。

记账技术与社会组织结构

社会组织结构决定了计数的功能。继经济变化之后,社会组织结构是史前记账技术发展过程中的第二个重要因素。

计数有两个主要功能:计算和记账。计算就是进行统计,而记账则是记录物品的输入和输出。我认为,(时间的)计算产生于平等社会,而记账则肯定是为了满足等级社会和城邦的需求。换句话说,并不仅仅是谷物存储和手工制品的生产两种原因才导致了记账的产生,社会结构也发挥了重要的作用。

平等社会

并没有考古证据表明,记账存在于旧石器时代。狩猎者和采

---

[1] Hans J. Nissen, "The Archaic Texts from Uruk," *World Archaeology* 17, no. 3 (1986): 326.

集者主要依靠日常所获来维持生存，并没有多少物品需要存储，因此，当时不存在记账也就不足为奇了。① 因为狩猎-采集经济并没有记账的需要，它们的社会组织结构也就不需要记账。据推测，旧石器时代的社会是平等社会，与现代的狩猎-采集社会相同，旧石器时代的每个个体根据自身的身份地位（并不需要记账或记录）从集体资源中获得相应的份额。② 用来记录时间的计数器似乎已经满足了旧石器时代的居民在计数方面的需求，而正式的社会组织结构是在这之后才兴起的。

等级社会

陶筹是记账的最早证据。它们并不只是农业生产的必然结果，而是农耕导致的社会结构的必然产物。我借用了等级社会这个专业术语，它由莫顿·弗里德发明，用来指称一种组织结构上的变化，若要维持村落中农耕群体的稳定，就必然会发生这种变化。③ 根据现在的研究，在这些社会中发生的最重要的变化就是出现了一位杰出人物，由他来监察经济上的再分配。④ 据推测，再分配是等级社

---

① Claude Meillassoux, "On the Mode of Production of the Hunting Band," in Pierre Alexandre, ed., *French Perspectives in African Studies* (London: Oxford University Press, 1973), pp. 189, 194.

② Mark Nathan Cohen, "Prehistoric Hunter-Gatherers: The Meaning of Social Complexity," in T. Douglas Price and James A. Brown, eds., *Prehistoric Hunter-Gatherers* (New York: Academic Press, 1985), p. 99. Meillassoux, "On the Mode of Production," p. 194.

③ Morton H. Fried, *The Evolution of Political Society: An Essay in Political Anthropology* (New York: Random House, 1967), p. 109.

④ Cohen, "Prehistoric Hunter-Gatherers," p. 105.

会最主要的经济因素，首领是核心的收集者和再分配者。[①] 在这些活动中，人们直接使用陶筹，以下三方面的数据可以证明这一点：1）穆赖拜特早期算筹的背景情况；2）坟墓中的陶筹；3）公元前4千纪晚期和公元前3千纪的纺织品和艺术品方面的证据。

穆赖拜特的早期陶筹

在穆赖拜特，早期的陶筹与农耕属于同一时代，当时人口急速增长。穆赖拜特Ⅲ由一块0.5公顷的小居民区扩展为一个2至3公顷的村落。[②] 我们很难估算当时人口的确切数量，但很可能超过300人，是平等社会体系所能控制的最大数量。穆赖拜特Ⅲ的早期陶筹与一种新的社会组织结构属于同一时期。[③]

作为陪葬品的陶筹

坟墓中的陶筹数量稀少，并且多与富人的坟墓和代表权力的器物存放在一起。由此我们可以得知，算筹并不属于大众阶层，而是属于享有特权的杰出人物。乔拉的墓穴107是唯一一个与神殿有关的坟墓，肯定属于一位地位显赫的人。[④] 坟墓里面的陪葬品只有六个球体，这表明，算筹是地位的象征。把算筹当作地位的象征，这在史前时期并不稀奇。我们的确可以这样推想，在史前时期，计算能力与有史时期的识字能力同样重要。因此，史前时期拥有计数技

---

① Charles L. Redman, *The Rise of Civilization* (San Francisco: W. H. Freeman and Company, 1978), p. 203.

② Cauvin, *Les Premiers Villages*, p. 43.

③ Olivier Aurenche, "Chronologie et organisation de l'espace dans le Proche Orient," *Préhistoire du Levant,* Colloque CNRS no. 598 (Lyons, 1980), pp. 1–11.

④ Arthur J. Tobler, *Excavations at Tepe Gawra*, vol. 2, University Museum Monographs (Philadelphia: University of Pennsylvania, 1950), p. 60.

艺的个体与后来的书吏享有同等的殊荣。

另外，在索万和乔拉的儿童墓穴中，陶筹被单独放在了一处，这证明了一种普遍认同的观点，里面的少年为精英阶层的后裔。① 在这种情况下，陶筹很可能表明，这些儿童不仅注定要继承权力，而且一定要经过计数技艺的训练。管理者在前文字时期享有很高的地位，这并不是古代近东独有的情况，而是一种普遍现象。事实上，在坟墓中把计数工具当作地位的象征早在远古社会就已经是一种传统了。例如，秘鲁的印加人就有着相同的风俗，他们把结绳同高官埋葬在一起。②

纺织品上的证据

陶筹系统使再分配经济成为了可能。公元前 4 千纪和公元前 3 千纪的经济泥版阐释了史前时期的算筹和有史时期的文字发挥着怎样的相同作用。

公元前 3 千纪　在早王朝时期，文字主要应用于神庙和宫廷的管理工作。铁罗的泥版一丝不苟地记录了宫廷和神庙中的物品的收支情况。③ 收入包括土地的收获和崇拜者的献祭。支出包括分配给皇室成员和神庙依附者的大麦、啤酒和其他日常用品，还包括供品的消耗、牲畜的草料等。因此，文字最显著的作用是给宫廷和神庙的财产记账，并记录它们的再分配情况。

文字的另一个重要作用是它的控制力。泥版是个体或行会交付

---

①　Redman, *Rise of Civilization*, p. 197.

②　Marcia Ascher and Robert Ascher, *Code of the Quipu* (Ann Arbor: University of Michigan Press, 1981), p. 63.

③　Yvonne Rosengarten, *Le Concept sumérien de consommation dans la vie économique et religieuse* (Paris: Editions E. de Boccard, 1960).

物品的官方收据。它们记录了以下几个方面：1）收到的物品和数量；2）交付者的名字；3）交付日期，即神庙为了某位神灵而举办的庆祝活动；4）查验物品的管理者。现在看来，我们似乎非常肯定，那些罗列在泥版上的所谓的献给神的礼物，实际上是具有强制性的。比方说，高级官员要在神庙每月的庆祝活动中献上一只羊羔或一个小孩儿，而渔民则必须打到特定数量的鱼。[①] 书写下来的收据使领导者便于控制分配给社会成员的物品数量，还可以强制物品的交付。因此，文字使统治者能够更有效地控制财产的收入。书写的收据不仅使管理者对接收到的物品负有一定的责任，还可以表达出，他们对这些物品的再分配享有控制权。换句话说，文字使公元前3千纪的国王们对公共资源享有完全的控制权。文字是再分配经济的支柱——这种经济给苏美尔带来了繁荣。

捷姆迭特·那色时期 与公元前3千纪的经济文献相同，乌鲁克Ⅲ或捷姆迭特·那色时期（公元前3000年—公元前2900年）的经济文献被用来控制公共物品的收入和支出。在乌鲁克，泥版属于神庙的伊南那女神。与铁罗的泥版相同，它们具有以下特点：1）物品数量少；2）个体，可能是捐赠者的名字；3）神的符号，在为他而举行的庆祝活动中人们奉献祭品；4）由印章来确定的管理工作。

乌鲁克时期 从反方向来推测，公元前4千纪穿起来的或封存在封球中的陶筹显然与再分配经济中的泥版具有相同的控制作用。陶筹和象形文字泥版属于相同的神庙区域，处理同样的物品，数量也相似。在乌鲁克，泥版、封球和陶筹皆属于埃安那区。两种媒介

[①] Tohru Maeda, "On the Agricultural Festivals in Sumer," *Acta Sumerologica* 5, no. 1 (1979): 24–25; Rosengarten, *Le Concept sumérien*, p. 255.

上的象征符号指代相同的物品——大部分为谷物、动物、布料和外衣。每个封球中封存的陶筹数量较少，而公元前3千纪的泥版所记录的物品的数量也比较少。

前文字时期的文献证据表明，在王权之前，近东再分配体制的主要组成部分还包括：1）宗教意识形态，2）作为核心收集者和分配者的领导者，3）生产剩余产品的劳动者，4）管理/控制物品的记账技术。与公元前3千纪的楔形文字泥版相似，由象形文字写成的记录是特权阶层接触社会财产和权利的关键所在。

艺术证据

公元前3千纪，献祭用品的运送是苏美尔艺术的主题之一，同样也是楔形文字泥版的主题之一。浮雕表现了国王和他的王后（？）设宴，平民们运送牺牲品的情形，上面刻画了未屠宰的动物和装有食物的罐子（图29）。该场景很可能描绘了庆祝活动的盛况。这种庆祝活动由神庙组织，每月举行一次。为了祭祀苏美尔万神殿中的神灵，人们在庆祝活动中运送了很多牺牲品。换句话说，该主题描绘了神庙、国王和民众在再分配经济中各司其职的情景。①

毫无疑问，著名的乌鲁克Ⅲ时期的瓶子表明，在公元前4千纪末期，再分配经济已经被仪式化了。瓶子上的画面描绘了裸体的崇拜者们排着队，带着罐子和篮子走在祭司王，也称为"恩"的后面；恩穿着节日的盛装和长裙，朝着伊南那神庙的大门走去，神庙的门前堆满了食物（图30）。

---

① Albert A. Trouworst, "From Tribute to Taxation: On the Dynamics of the Early State," in Henri J. M. Claessen and Pieter van de Velde, eds., *Early State Dynamics* (Leiden: E. J. Brill, 1987), p. 133.

图 29. 打了孔的装饰板，伊拉克，海法杰（A.12417）。
引自 Pierre Amiet, *La Glyptique mésopotamienne archaïque*
（Paris: Editions du CNRS, 1980），pl 93: 1222。

图 30. 石瓶上的雕刻，伊拉克，乌鲁克。
引自 André Parrot, *Sumer*（Paris: Librairie Callimard, 1980），fig. 89。

乌鲁克时期的印章进一步表明，在公元前3500年就已经存在再分配经济了。那些印章总是描绘成群结队的崇拜者们，他们把食物和奢侈品带到神庙，①而祭司王却只捐出一只动物。这些形象地说明，再分配的神庙经济已经日渐成熟。

总之，学者们比较熟悉的公元前3千纪的艺术品和楔形文字文献为我们理解前文字时期谜一般的文献和早于它们的陶筹的含义与功用提供了线索。各种艺术形式中均刻画了宴会和馈赠礼品的场面，这表明，在公元前3500年至公元前2500年之间，苏美尔的再分配经济包括三个主要因素：1）神庙，它们使这种赠与行为变得非常重要，并且盛况空前；2）管理公共财物的杰出人物；3）生产了剩余产品并把它们献给神庙的大众。这种再分配经济需要一种记录保存系统，不做记录是根本行不通的。公元前3千纪的人们主要使用楔形文字来做记录，而在这之前则使用象形文字和陶筹。

城邦

朴素陶筹与等级社会的兴起有关，而城邦的出现则是复杂陶筹的根源。复杂算筹归美索不达米亚的神庙所有，它们与某些社会经济上的变化同时发生，例如：纪念性建筑、权利的垄断和在积聚公共资源方面提出新策略的行政管理机构的出现。

复杂陶筹和南美索不达米亚神庙的兴起

复杂陶筹的年代是根据埃安那探方的深度推测出来的。它们的出现与消失伴随着乌鲁克神庙的兴起和陨落。早期的复杂陶筹

---

① Pierre Amiet, *La Glyptique mésopotamienne archaïque*（Paris: Editions du CNRS, 1980）, p. 434, pl. 46: 656; p. 499, pl. 120: 1606–1607, 1609.

与圣殿的建立同时出现,当时的公共建筑还用圆锥马赛克进行了装饰。陶筹系统在该地区的鼎盛时期达到顶峰。最后,埃安那在地层Ⅳa中发生毁灭,而就在同一时期,陶筹也消失了。新的记账方式——复杂陶筹——与美索不达米亚神庙的发展有直接联系,这一点意义重大,因为它表明,陶筹系统的变化影响了城邦的兴起。

再分配的变化:税收

神庙的出现给再分配经济带来了巨大的转变,因为神庙建立了税收制度,例如,对所有个体和行会来说,运送固定数量的物品以货代款是一种义务,否则就要予以制裁。复杂陶筹在征收税款和缴纳贡品方面发挥着一定的作用,这是城邦经济的典型行为。

纪念性建筑　　建造纪念性建筑需要社会资源的极大丰富,这就意味着税收体制的存在。乌鲁克石锥神庙属于埃安那的地层Ⅵ—Ⅴ时期,它的表面布满了颜色绚丽的石制马赛克。地层Ⅴ的石灰石神庙也需要耗费大量的材料。因此,最早的纪念性建筑与聚集和管理剩余产品的新方式的出现属于同一时期,这并不令人感到惊奇。而用更精确的方法来记账就是诸多新方式中的一种。建造公共建筑同样需要耗费大量的人力,这是一种控制劳动力的新方式,例如:劳役(即强迫个体进行劳动,而只发给少量薪酬或根本没有,通过这种方式来代替税收)。

领导的改变:权力的垄断　　征税也需要一种强制体制来实施。南美索不达米亚神庙是一种催化剂,它促使了一种新型领导者的产生——他有权发号施令。印记上的裸体人群很可能描绘了这种政治权力的巨大发展,他们的手被绑在身后,成排地出现在恩的面前

（图31）。① 人们通常认为该主题表现的是战争中的俘虏，但事实上这些个体并没有梳着苏美尔艺术中代表外来者的奇怪发式，这表明，该场景描绘的可能就是惩罚措施，在这种措施之下，人们不得不向神庙运送所需的物品。

图 31. 肉体惩罚，滚印印记，伊拉克，乌鲁克。
引自：Pierre Amiet, *La Glyptique mésopotamienne archaïque*
（Paris: Editions du CNRS, 1980）, pl. 47: 660–661。

行政管理体制的发展 有了税收就更需要收集、管理和存储更多的数据，并且要更加精确。这就解释了为什么出现了控制物品的新方法：复杂陶筹、封球、垂饰、滚印和度量衡系统。

税收对公元前4千纪的行政管理体制提出了新的要求，而只有复杂陶筹才能满足这些需求。新体制所使用的算筹花样更多，它们能够更准确地对需要运送到神庙的物品做记录。复杂陶筹可以更有

---

① Mark A. Brandes, *Siegelabrollungen aus den archaischen Bauschichten in Uruk-Warka,* Freiburger altorientalische Studien, vol. 3（Wiesbaden: Franz Steiner Verlag, 1979）, pt. 2, pls. 1–11.

针对性地记录动物的种类、年龄和性别。例如，它们区分公羊、母羊和羊羔，而朴素圆柱体只能简单地记录数目，并不能记录家畜的具体信息。复杂陶筹能够记录小麦或大麦的数量，而朴素圆锥体和球体只能简单地记录谷物的数量。算筹的形状和标记的种类越来越多，这表明，它们所记录的物品的数量也在急剧增长。后来补充进去的形状描摹的是征收的物品，包括加工食品（面包、油和半成品的烤鸭）、手工制品（羊毛、布料、外衣、席子、绳子、家具和工具）和贵重物品（香水和金属）。很明显，面包、油、布料、壶、斧和香水并不是新出现的事物，它们已经存在了很长一段时间。需要记录的手工制品和精细产品是新出现的事物，之前它们并不存在。

更重要的是，征税必须记录哪些物品尚未运送，哪些仍属于神庙。反过来，记录尚未交付的税收也增加了档案记录方面的需求，这很可能解释了为什么会出现封球和垂饰的原因。因此，保存起来的账目很可能代表将来要缴纳的物品，比方说在下个收获季节之后。这很可能是每个封球上均盖有很多印章的原因，因为要区分交付就需要管理集团的多个管理阶层进行确认。恩里卡·菲安德拉认为，两个、三个和四个盖在封球表面和实心垂饰表面的印章可能代表着几个等级阶层的签名，例如：记账者、管理员、监督者和主管。[①]

陶筹系统的变化并不是单独出现的，而是与封印物品这种行为的巨大转变同时发生。滚印代替了之前的平面印章。滚印产生的连续印记能更有效地对物品和记录进行确认。另外，印记上刻画的整

---

① Enrica Fiandra, "The Connection between Clay Sealings and Tablets in Administration," *South Asian Archaeology*（1979）: 36-38.

个场景为交流信息带来了新的可能。

最后，乌鲁克时期出现了度量衡，这表明，在处理物品时需要更大的精确性。① 托马斯·比尔认为，公元前 4 千纪的主要遗址出土了成百上千的斜面碗，它们就是度量衡的一种。② 毫无疑问，所有管理方面的革新均是由社会经济的深层变革带来的。社会经济的变革，特别是强制性地给神庙运送物品的需求伴随着城邦的产生。

纳贡 复杂陶筹不仅出现在美索不达米亚，还出现在埃兰和叙利亚。但在上述三个地区，该现象只限于像苏萨和哈布巴卡比拉这样的遗址，它们皆有相同的、用圆锥马赛克装饰的纪念性建筑，③ 刻有恩的滚印、斜面碗、封球和垂饰。各式各样用于行政管理的物品是乌鲁克的标志，它们表明，美索不达米亚的物品出现在了邻近的国家，这些国家很可能要向南美索不达米亚神庙缴纳贡品。埃安那 V 和 VI 的辉煌很可能与邻近地区进献的贡品有关。我们还可以推测，复杂陶筹、封球和垂饰在纳贡的过程中起到了一定的作用。

某些文明使用了计数器和陶筹，我在本章讨论了它们的功用怎

---

① Marvin A. Powell, Jr., "Sumerian Numeration and Metrology," Ph. D. dissertation, University of Minnesota, 1971, p. 208.

② Thomas W. Beale, "Beveled Rim Bowls and Their Implications for Change and Economic Organization in the Later Fourth Millennium B. C.," *Journal of Near Eastern Studies* 37, no. 4 (1978): 291–292.

③ UVB 2, figs. 16–17; Henri de Genouillac, *Fouilles de Telloh*, vol. 1, *Epoques présargoniques* (Paris: Paul Geuthner, 1934), p. 64; M 46, p. 151 and pl. 89; P. Delougaz and Helene J. Kantor, "New Evidence for the Prehistoric and Protoliterate Culture Development of Khuzestan," *The Memorial Volume of the V th International Congress of Iranian Art and Archaeology*, vol. 1 (Tehran, 1972), p. 27; André Finet, "Bilan provisoire des fouilles belges du Tell Kannas," *Annual of the American Schools of Oriental Research* 44 (1979): 93.

样反映了这些文明的经济体制和政治体制。而在狩猎和采集社会，简单的记账方式就能满足当时的需求。古代近东地区典型的再分配体制使记账成为了一种必需。在前城市经济时期用来收集公共资源的朴素算筹已经不再适应早期城邦行政管理体制的需求了。税收和纳贡所涉及的物品数量巨大，复杂陶筹可以更有效、更精确地处理这些物品。

第七章　计数和文字的出现

数学当然是文化的一部分。在继承了烹饪、嫁娶、崇拜方式的同时,每个民族还从他们的先辈或同时代的邻居那里继承了计数和计算的本领,以及其他任何数学能做到的事情……无论一个民族是否以五、十、十二或二十为单位来计数;无论他们是否有词汇来表达五以上的基本数字,无论他们是否拥有最现代和最高端的数学概念,他们的数学行为均由他们拥有的数学文化来决定。

——莱斯利·怀特[1]

本章要论证的观点是:每种记账方式均由特定的计数模式来决定。计数器、陶筹和文字反映了计数发展过程中的三个主要阶段:1)一一对应,2)具象计数,3)抽象计数。最后,我推测文字是抽象计数的产物。

在开始讨论之前,我必须定义几个基本术语。我们的计数方式是抽象计数。例如,我们的数字1、2、3表达了一个、两个和三个抽象实体的概念,它们脱离了任何特定的、具象的实体。因

---

[1] Leslie A. White, *The Science of Culture* (New York: Grove Press, 1949), p. 286.

此，我们的1、2、3是普遍适用的。数字是像1、2、3这样的书写符号。数词是人们以特定的语言表达这些概念的方式。比方说，在英语中就有"one"、"two"、"three"；法语中则是"un"、"deux"、"trois"。具象数量指称像"双胞胎"这样的概念，它混淆了数字符号和要计数的事物。

多种计数方式

雷蒙德·怀尔德是一名研究数学的历史学家，他认为我们的计数方式是长期演化的结果。① 伯特兰·罗素有一句著名的论述："……人们经过了很多个世纪才发现，一对儿雏鸡和两天均为数字2的范例。"② 怀尔德和其他学者皆推测，在抽象计数之前还存在更古老的计数方式。③

一、二、许多

人类学和语言学的知识表明，人类天生就具有感知数量的能力，但这只是一种模糊的感觉，可能只限于区分不超过三个物体的

---

① Raymond L. Wilder, *Evolution of Mathematical Concepts* (New York: John Wiley and Sons, 1968), p. 180.

② Bertrand Russel, *Introduction to Mathematical Philosophy* (London: George Allen and Unwin, 1960), p. 3.

③ Tobias Danzig, *Number: The Language of Science*, 4th ed. (New York: Macmillan, 1959), p. 6; Graham Flegg, *Numbers, Their History and Meaning* (New York: Schocken Books, 1983), pp. 8-14; Edna E. Kramer, *The Nature and Growth of Modern Mathematics* (New York: Hawthorn Books, 1970), pp. 4-5; David E. Smith, *History of Mathematics*, vol. 1 (Boston: Ginn and Company, 1951), pp. 6-8.

事物。世界各地的社会均有表达"一"、"二"和"许多"这三个数词的词汇,但是,直到20世纪这一事实才证明了上述的观点。[①]例如,斯里兰卡的维达人只有几个表达数字的土语,即"单个"、"一双"、"再来一个"和"许多"。[②]

一一对应

维达人为了应付日常生活的需要而"计数":他们的计数方式是一一对应的。当一个维达人想要数一数椰子的个数时,他会收集一大堆小棍儿。他用一根小棍儿代表一个椰子:一个椰子=一根小棍儿。每增加一根小棍儿,他就数"再来一个",直到数完所有的椰子。然后他就指着那堆小棍儿说:"这么多"。维达人的例子非常具有启发性,因为它体现了一种计数的基本方式,而这种计数方式并不需要一个数字系统。

具象计数

超过三以上的计数就进入了一个新阶段,不同的社会有不同的方式,这就导致了多种计数系统的产生。在这些系统中,身体计数——用手指、手腕、肩膀、头、鼻子等来表达特定的数

[①] Levi Leonard Conant, *The Number Concept* (London: Macmillan, 1896), p. 28; Arthur Chervin, *Anthropologie bolivienne* (Paris: Librairie H. Le Soudier, 1908), p. 229; Georges Ifrah, *From One to Zero* (New York: Viking Penguin, 1985), p. 7; Smith, *History of Mathematics*, p. 6.

[②] Karl Menninger, *Number Words and Number Symbols*, rev. ed. (Cambridge: MIT Press, 1977), p. 33.

量——在一些文化中仍然在使用。① 具象计数是另一种广泛使用的古老计数系统。"一"、"二"、"三"等，都与所要计数的物品联系起来，这就意味着，不同的东西要用不同的数词来计数。弗朗兹·博厄斯描述了用不同数字点数人、独木舟、长物体、扁物体、圆物体、时间、度量衡等事物的文明。② 伊戈尔·季亚科诺夫描述了另一些社会，他们的数字绝不少于二十四种。③ 每种计数方式均有不同的基础，这就更增加了具象计数的复杂性。因此，杰克·古迪这样描述，当他让他的被试洛加达阿人（北加纳人）点数时，他们回答："数什么？"。因为在他们的文化中，点数奶牛与点数贝壳是不相同的。④

抽象计数

采用一一对应的方式处理数据非常麻烦，身体计数和具象计数则更加突出了我们自己的计数方式是多么的优越。在我们的社会中，1、2、3等表达的是数量，完全脱离了所要点数的物品。我们用同样的数字点数人、独木舟、树和其他任何阳光下的事物，甚至

---

① Aletta Biersack, "The Logic of Misplaced Concreteness: Paiela Body Counting and the Nature of the Primitive Mind," *American Anthropologist* 84, no. 4 (1982): 813.

② Franz Boas, "Fifth Report on the Northwestern Tribes of Canada," *Proceedings of the British Association for the Advancement of Science* (1889): 881.

③ Igor M. Diakonoff, "Some Reflections on Numerals in Sumerian towards a History of Mathematical Speculations," *Journal of the American Oriental Society* 103, no. 1 (1983): 88.

④ Jack Goody, *The Domestication of the Savage Mind* (Cambridge: Cambridge University Press, 1977), p. 13.

是想象中的东西。具象计数可能并不能点数超过一定数量的事物，而抽象计数却没有这方面的限制。我们能够点数宇宙中所有的星星和沙滩上所有的沙粒，我们甚至能够把二者的数量加在一起。而这对具象计数来说几乎是不可能的，具象计数一次只能处理一种数据：三个并不等于三件套。

苏美尔的文献证据

人们是如何应用计数器和陶筹的？关于古代近东的计数我们还知道些什么？至少在已经被充分理解了的、公元前3千纪的诸多文献中，苏美尔人和我们一样，均使用抽象计数，这一点是无可置疑的。

三重计数系统

然而，有证据表明，之前使用过的原始计数系统的遗迹仍然残留在苏美尔语中。苏美尔计数系统的几个特征表明，它们与其他社会相同，"三"很可能是古代美索不达米亚人需要克服的一个巨大障碍。[①] 比方说，在主要的计数法中，/eš/="三"，这与表示复数的语素 /eš/ 相同[②]。学者们一直认为，这种现象源于以前的古老传统。在这种传统中，"三"是人们能够计数的最大值，同时还含有"许多"的含义。

---

① Diakonoff, "Some Reflections," p. 92.
② Marvin A. Powell, Jr., "Sumerian Numeration and Metrology," Ph.D. dissertation, University of Minnesota, 1971, pp. 27–28.

另外,苏美尔语中有几种计数法是以"三"为单位的,[①] 这表明,存在一种原始的具象计数系统,它被用来点数不同的物品,近东地区的抽象计数很可能出现在它之后。上述计数法如下:[②]

1	merga	=	"一"
2	taka	=	"二"(未证实)
3	peš	=	"三"
4	pešbala	=	"三-过去"
5	pešbalage	=	"三-过去-一"
6	pešbalagege	=	"三-过去-一-一"
7	pešpešge	=	"三-三-一"[③]

1	ge	=	"一"
2	dah	=	"二"
3	PEŠ	=	"三"
4	PEŠ-ge	=	"三+[④]一"
5	PEŠ-bala-gi₄	=	"三-过去-一"
6	PEŠ-bala-gi₄-gi₄	=	"三-过去-一-一"
7	PEŠ-PEŠ-gi₄	=	"三-三-一"

1	be	=	"一"
2	be-be	=	"一-一"
3	PEŠ	=	"三"
4	PEŠ-be	=	"三-一"

---

① François Thureau-Dangin, "Le Système ternaire dans la numération sumérienne," *Revue d'Assyriologie et d'Archéologie Orientale* 25, no. 2(1928):119-121.
② Diakonoff, "Some Reflections," p. 90.
③ Powell, "Sumerian Numeration," p. 30.
④ 原书此处印刷错误,应改成短横线"-"。——译者。

5	PEŠ-be-be	=	"三-一-一"
6	PEŠ-PEŠ	=	"三-三"
7	PEŠ-PEŠ-be	=	"三-三-一"
21	PEŠ-PEŠ-PEŠ-PEŠ	=	"三-三-三-三"

数词的多样性

马文·鲍威尔注意到,表达"一"、"二"、"三"的词汇具有多样性。他认为,辞书文献列出了相当于阿卡德语 *išten*= 一的七个苏美尔语单词。这些数词如下:"aš"、"santak₃"、"diš"、[①] "deli"、"be"、"giš" 和 "ge"。[②] 还有几个代表 "二" 的词("min"和 "man","taka"、"dah" 和 "be-be")和两个表示 "三" 的词("eš"和 "peš")。鲍威尔认为,苏美尔文献中不同的数词表达的很可能是几种方言。[③]

另一方面,季亚科诺夫认为,苏美尔语中数词的多样性很可能证明了,之前存在一种具象计数的传统。他比较了数词的不同形式和具象计数法,并推测,在美索不达米亚,具象计数很可能出现在抽象计数之前。事实是,在苏美尔,文献越早,它们所记录的数字系统就越复杂,这就证明了季亚科诺夫的观点。[④] 魏曼曾写到,公元前 4 千纪的乌鲁克泥版使用了不同的数字序列来记录面积、重量、容量和空间的度量衡单位,甚至是小麦、大麦、家畜、奴隶和

---

① Powell 注意到,已有证据表明"diš"可以用来计算土地的数量。
② Powell, "Sumerian Numeration," p. 13.
③ Ibid., pp. 23, 28–29, 14.
④ Diakonoff, "Some Reflections," pp. 84–87, 88.

时间的数量。① 继他之后,汉斯·尼森、彼得·达梅罗和罗伯特·英格伦识别出了乌鲁克古文献中十三种不同的数字符号系统,有些是十进制,有些是六进制。② 不同物品的数量用不同的符号来记录,这很难用表达方言中的发音来自圆其说。另外,魏曼,在他之后还有约兰·弗里贝里也证明了,记录不同数量的物品所使用的符号具有多样性,这并不是苏美尔语的独有现象,在原始阿拉米语中也能找到同样的证据。③ 这也证明了,近东地区与世界上其他地区相同,具象计数均发生在抽象计数之前。

近东考古数据

很多近东考古遗址均出土了独特的记账方式,它们的年代在公元前 1.5 万年至公元前 3000 年之间,这似乎也印证了,在西南亚地区,一一对应和具象计数出现在抽象计数之前。

旧石器时代的计数器

近东地区公元前 1.5 万年至公元前 1 万年的旧石器时代曾使用

---

① A. A. Vaiman, "Die Bezeichnung von Sklaven und Sklavinnen in der protosumerischen Schrift," BaM 20 (1989): 126-127; A. A. Vaiman, "Über die Protosumerische Schrift," *Acta Antiqua Academiae Scientiarum Hungaricae* 22 (1974): 20-23.

② Peter Damerow and Robert K. Englund, "Die Zahlzeichensysteme der archaischen Texte aus Uruk," ZATU 165; Hans J. Nissen, Peter Damerow, and Robert K. Englund, *Archaic Bookkeeping* (Chicago: University of Chicago Press, 1994), pp. 25-29.

③ Jöran Friberg, *The Third Millennium Roots of Babylonian Mathematics, 1. A Method for Decipherment, through Mathematical and Metrological Analysis, of Proto-Sumerian and Proto-Elamite Semi-pictographic Inscriptions* (Göteborg: Chalmers University of Technology and University of Göteborg, 1978-1979), pp. 10, 15, 21, 46.

过刻有切口的骨头，那很可能是最简单的计数方式：一一对应。每个切口可能代表一堆物品中的一个单位。亚历山大·马沙克推测，每个切口很可能代表月亮出现了一次。[1] 石器时代的计数器很可能（想想上面提到的人种学和语言学上的数据）并不是抽象计数，或者说，它其实根本就不是数字系统，而只不过是由单个单位的重复叠加组成的罢了。与大多数前文字时期的社会相同，近东旧石器时代的文明似乎已经开始使用一一对应的计数方式了。

陶筹

陶筹的使用仍然是一一对应的方式。然而，它们却带来了两个方面的创新——基数性和物品的专一性——这似乎预示着计数方式的第二个阶段即将到来。

基数性

最大的变化就是基数性——贴任意标签的能力，也就是说，数词代表一堆物品中的一个，一系列数词中的最后一个代表整体的数量。例如，一个乌鲁克封球中带有刻画符号的 7 个卵形体代表"7 罐油"（不是像前一个阶段中出现的"再来一个"或"很多"那样）。

四面体陶筹有两个不同的亚型（"小的"和"大的"，类型 5∶1 和 2），它们很可能也证明了，倘若要用陶筹来记账，则要掌握集合的概念。四面体很可能代表两个不同的劳动力单位，分别是"一天的工作"和"一周的工作"，它们也可能代表工人

---

[1] Alexander Marshack, *The Roots of Civilization*（New York: McGraw-Hill, 1972）.

的数量，即"一个人"和"一群人"。[①] 凸盘状物（类型 3∶3）是另外一个例子。若它们代表"十个动物"，则这些盘状物可能证明了，在新石器时代，点数动物不再需要"再来一个"，而是每个陶筹均为代表一个数量的标签。因此，基数性极大地简化了标记符号系统，因为 30 个动物可以用 3 个陶筹来表示而不是 30 个。

一一对应

封球中封存的算筹表明，在陶筹系统的整个使用期内，它们均遵守一一对应的古老原则。乌鲁克、苏萨和哈布巴卡比拉的封球显示，同一亚型的陶筹重复出现的次数即代表着它们所要点数的个体的数量。例如，一个封球里面存放了 7 个卵形体，它们似乎代表了 7 罐油（图 12）；另一个封球中存放了 5 个球体，它们代表 5 个度量单位的谷物（图 28）。

这些封球中的物品表明，公元前 4 千纪的记账者使用一种与我们截然不同的方式来表示数量（多少），在这一点上学者们并没有什么分歧。他们并不像我们一样使用数字"5"，而是用 5 个陶筹来代表"5 罐油"，每个陶筹代表"1 罐油"，如下图所示：

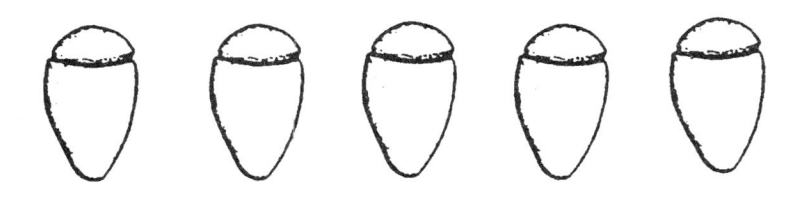

[①] 毫无疑问，这两种亚型完全不同，因为大四面体和小四面体同时被封存在了 Susa: Sb 1967 的封球中。事实上，Sb 1967 包含三种四面体的亚型：小的、大的和打点的。

这些陶筹的字面意思是"油罐、油罐、油罐、油罐、油罐"。陶筹系统中并不存在代表抽象数量的符号。

另一些封球清晰地显示了，代表集合的陶筹也是一一对应的。例如：Sb 1940（图 15）记录了 33 个动物，它们是由 3 个盘状物和 3 个圆柱体来表现的，如下图：

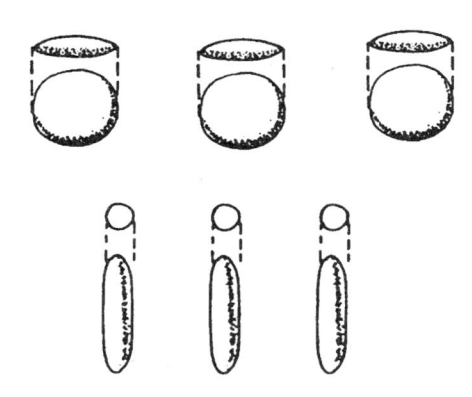

或者按字面义来说：10 个动物 +10 个动物 +10 个动物 +1 个动物 +1 个动物 +1 个动物。

物品的专一性

陶筹系统的一个特点是，每一种不同的物品都要用特定类型的算筹来表示。卵形体用来点数油罐，球体是谷物的度量单位；换而言之，油罐只能用卵形体来表示，而谷物的度量单位只能用球体来表示。事实上，所要点数的物品种类各异，陶筹的类型也不相同，这表明，陶筹必须在具象计数的系统之内来处理数据。陶筹与具象计数相同，它们均把数量概念和所要点数的物品的概念混在了一起，因此，一个卵形体代表"1"和"油罐"两个概念，不可能将这两个概念抽离出来。

表达抽象数量的陶筹的缺失

尽管使用了集合的概念，用陶筹来计数仍然与抽象计数完全不同。1、2、3等数字可以代表很多物品，但并不存在代表这些抽象数量的陶筹。

陶筹系统与农耕、物品的存储和再分配经济处在同一时代，从陶筹系统可以看出，以上三种新事物给点数超过三以上的数量带来了压力。另外，算筹的多样性也表明，早期的农民已经掌握了集合或基数的概念，但他们仍然使用具象的计数方式。换句话说，数量概念独立于谷物、动物和任何不依赖其他事物就能够点数的物品，而当时的人们并没有这样的概念。陶筹系统验证了语言学上的数据，在史前的近东地区，具象计数出现在抽象计数之前。

具象计数为理解陶筹系统最主要的特性提供了线索，即算筹的多样性。以前，学者们试图为特定的陶筹赋予一定的数值，但所找到的证据却与之不符。阿兰·勒布兰和弗朗索瓦·瓦拉推测，陶筹系统依赖于我们的抽象计数系统，他们建议应这样翻译：圆柱体1；球体10；盘状物100；圆锥体60、600或1000；打了点的圆锥体300；打了点的球体36000。① 然而，他们的翻译却不能解释余下的四百多个复杂算筹的亚型。

继勒布兰和瓦拉之后，斯蒂芬·利伯曼建议，朴素陶筹是代表数字的算筹，而复杂陶筹是"小的黏土物体，用途不明。"② 正如第一章所讨论的，朴素陶筹和复杂陶筹属于不同记账方式的观点与证

---

① Dafi 8a, pp. 32—34.

② Stephen J. Lieberman, "Of Clay Pebbles, Hollow Clay Balls and Writing: A Sumerian View," *American Journal of Archaeology* 184, no. 3（1980）: 339—358.

据不符。二者在相同的遗址一起被发现，并处在相同的地层，甚至是在相同的贮藏室。乌鲁克和哈布巴卡比拉的封球存放了复杂陶筹（带有刻画符号的卵形体）（图12和图16）。若复杂陶筹并非算筹，它们为什么可以被封存在封球中呢？

皮埃尔·阿米耶认为，陶筹上的线和点是数字记号，[1] 这也是完全错误的。例如，并没有证据表明，带有六个点的卵形体的意思是"6罐油"（类型6：22）。因为上面提到的乌鲁克和哈布巴卡比拉的封球清楚地显示了，油罐的数量是由重复出现的卵形体而不是由标记来表示的，它们遵循一一对应的原则。压印符号进一步阐明了这一观点。以苏萨的一块泥版为例，它的上面留有由同一个带有一条刻画线的三角体陶筹（类型8：11；图22）压印出来的痕迹，共压印了四次。若阿米耶的阐释是正确的，则记号应是刻画有四条线的三角形。三角形（而不是标记）重复了四次，这表明，标记代表的是物品，而不是数量。

文字

封球和泥版表面的压印标记

当陶筹被自身压印在封球表面或泥版表面的压印痕迹所取代时，由此产生的压印记号的含义仍与陶筹的相同：每个表意符号把特性/量（例如：油的度量单位）的概念和数量1的概念混合在了一起。比方说，压印在哈布巴卡比拉封球（图16）表面的每一个带有刻画符号的卵形体或苏萨泥版（图22）表面带有刻画符号的

---

[1] Pierre Amiet, *L'Age des échanges inter-iraniens* (Paris: Editions de la Réunion des Musées Nationaux, 1986), p. 87.

三角形分别代表"1个单位的油"和"1个单位的？"，它们均遵循一一对应的原则。弗里贝里假定，压印泥版所使用的计数系统与古苏美尔时期的相同，当时，度量衡单位是用一一对应的方式表现出来的，并一直持续到它们被更大的度量衡单位所取代，但他的假定是错误的。在公元前3千纪，5个圆形标记代表5个大的谷物单位，而6个大的谷物单位则由1个大楔来表示，但压印泥版却与此不同。几块带有圆形标记的泥版非常清晰地证明了上述观点。它们的表面带有22、10或9个圆形标记，以一一对应的方式分别对应着22、10或9个大的谷物单位（图24）。① 因此，压印封球和泥版证明了，乌鲁克Ⅳ时期的记号并不代表抽象的数量。

早期的数字

乌鲁克Ⅳa时期，即公元前3100年左右，记账者发明了早期的数字——一种对一个、两个、三个等的概念进行编码的符号，这样就把数量从特定的实体中抽象了出来。这可不是一件小的壮举，因为数字要表达一些我们的思想能够理解的、最抽象的概念。毕竟，"二"在自然界中并不存在，而只存在两个具体的事物，例如：两根手指、两个人、两只羊、两个水果、两片叶子、甚至是不同种类的事物组合，例如：一个水果＋一片叶子。"二"是这些事物"两个"的特性的抽象化。

学者们认为，乌鲁克Ⅳa时期的记账者可能是数字的发明者，

---

① Jöran Friberg, "Preliterate Counting and Accounting in the Middle East," *Orientalistische Literaturzeitung* 89, nos. 5-6 (1994): 484; G. van Driel, "Tablets from Jebel Aruda," in G. van Driel, Th. J. H. Krispijn, M. Stol, and K. R. Veenhof, eds., *Zikir Šumim, Assyriological Studies Presented to F. R. Kraus on the Occasion of His Seventieth Birthday* (Leiden: E. J. Brill, 1982), p. 14: 6, 2, and 7.

第七章 计数和文字的出现

通过这种方式,他们给记账和数据处理带来了革命性的变化。事实上,乌鲁克Ⅳa时期的记账者发明了两种类型的符号:数字(为抽象的数量进行编码的符号)和象形文字(代表物品的符号)。每种类型的符号均用不同的方式来书写。象形文字是刻画上去的,而数字则是压印上去的,这在文献中表现得非常突出。以一块乌鲁克泥版为例,它使用了两种符号来表示"5只绵羊"——象形文字代表"绵羊"(圆圈中有一个十字),五个压印的楔形代表"5"(图32)。数量的概念最终与物品的概念分离开来了。

图 32. 记录绵羊账目的泥版,伊拉克,乌鲁克。
由柏林国家博物馆,近东博物馆提供。

乌鲁克Ⅳa泥版上的数字是使用抽象计数的最早证据。数字的发明与零的发明具有同等的重要性,或者说更加重要一些。即使巴比伦人已经很好地理解了"无"这个概念,公元700年左右的印度人发明的符号"0"也改变了数学的发展进程。数字和零代表着抽象的不同阶段,它们使人类能够控制和处理更大数量的信息,还能对现实有更新的理解。当然,我们绝不可能确切地知道在哪里、什么时候、怎么样、由谁发明了抽象计数，但这似乎与陶筹向文字的演变发生在同一时期。原因很简单，人们不可能使用一种已经过时了的计数方式。

早期的数字并不是为了表达抽象的数量而特意发明出来的符号。相反，它们是之前代表谷物单位的压印符号，现在被赋予了新的数值。楔形最初的含义是少量的谷物，现在代表1；圆形以前代表较大数量的谷物，现在代表10；大楔形、打了点的楔形和大圆形代表更大的谷物单位，现在代表更大的数量，如下图：

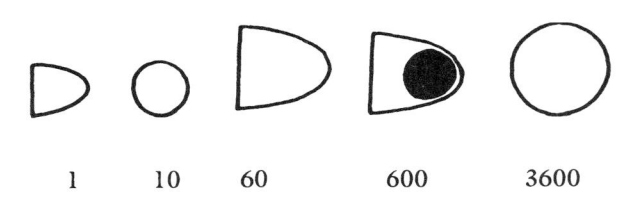

    1   10   60   600   3600

还有一种可能，动物数量的度量单位是压印上去的，它们也可以作为数字来使用。长楔代表1；圆形标记与之前的凸盘状物相对应，它们代表10。动物的计数符号很可能导致了苏美尔算数系统中的两个单位的产生，即1和10，如下图：

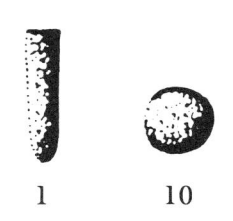

    1   10

历史时期的数字继承了史前时期朴素陶筹的优势。苏美尔的记账系统为混合的十-六进制，这让很多人都感到迷惑，该系统很可能源于朴素陶筹。例如，弗里贝里写道，在同一块泥版上，圆形符号既可以代表1∶6，也可能代表1∶10，到底代表哪一个要由所计数的物品来决定。① "6"可能由之前谷物的度量单位（球体）发展而来，"10"由动物的计数符号（凸盘状物）发展而来。很显然，动物很可能是用手指十个十个地数的。而用60作为谷物的度量单位却非常方便，因为只有这个数字能够被1、2、3、4、5、6、10、12、15等整除。②

事实上，代表数字的压印符号从未失去它们的原始含义。与之相反，根据上下文的不同，它们或者代表一个抽象的值，或者代表一个具体的值。例如，出现在象形文字之前的楔形读作"1"；单独出现则代表一个谷物的度量单位。

抽象数字从朴素圆锥体、球体、圆柱体和凸盘状物发展而来，它们占古代陶筹的绝大多数。为何这些特定的符号演变成了早期的数字，我们也只能猜测其中的原因。戴维·史密斯认为，在很多社会中，表达数量的词均从最常用的具象计数法发展而来。他引证了一些语言中的例子，它们皆用字面义为"1个单位的谷物、2个单位的谷物、3个单位的谷物"或"1块石头、2块石头、3块石头"或像南太平洋的纽埃岛人所使用的"1个水果、2个水果、3个水果"这样的词汇来表达"一、二、三"。③ 因此，人们可能认为，苏美尔早期的抽象数字由谷物和动物的计数符号发展而来，因为那是美

---

① Jöran Friberg, "Numbers and Measures in the Earliest Written Records," *Scientific American* 250, no. 2（1984）: 116.

② François Thureau-Dangin, *Esquisse d'une histoire du système sexagesimal*（Paris: Librairie Orientaliste Paul Geuthner, 1932）, pp. 6-7.

③ David E. Smith, *Number and Numerals*（New York: Bureau of Publications, Teachers College, Columbia University, 1937）, p. 8.

索不达米亚最常用的计数符号。特别是谷物,它们不仅是最主要的日常必需品,也是最常用的交换媒介。另外,谷物的度量单位由一系列独特的符号组成,并且数量还在不断增加,它们很容易转换成代表抽象计数的单位,例如:1、6、60、180。

给物品编码的象形文字不再随着单位数量的增加而多次重复,这是跟以前最大的不同。然而,数字的发明并未终结——一对应的古老原则,它仍旧控制着数字的使用。9个楔代表"9",5个圆圈代表"50",等等。以一块乔丁的泥版为例,它的上面带有"33罐油"的标记符号:一个单独的象形符号代表"油罐",三个压印的圆圈(10+10+10)和三个楔形(1+1+1)(图33)代表"33"。这种古老的方式在苏美尔-巴比伦的算术系统中延续了很多个世纪。事实上,一一对应存在于包括希腊和罗马在内的所有计数系统中,并一直使用到公元1千纪,当时的印度人发明了"阿拉伯数字"。

图33. 带有刻画符号的泥版,上面的符号代表33罐油(?),伊朗,乔丁(**Gd 73—295**)。由小凯勒·扬提供。

第七章　计数和文字的出现

象形文字和表音文字

象形文字和表音文字的发明与数字的发明属于同一时期：两者皆为抽象计数的产物，这并不是一种巧合。从所要计数的物品的质量概念中剥离出数量（多少）的概念——两种概念不可避免地混合在了陶筹中——使文字的产生成为了一种可能。象形文字一旦从任何数量概念中脱离出来，就以自身独特的方式发展了起来。以前用来给物品记账的符号不断扩展，以至于能够交流人类活动中的任何主题。因此，像"人头"或"嘴"这样的事物——从未出现过代表它们的陶筹——就用一幅画来表示了。真正的象形文字是抽象计数的产物，它们通过自身的形象来表达概念。

在象形文字之后，文字在公元前3000年左右的乌鲁克Ⅲ时期迈过了几道新的门槛。在量的抽象（多少）之后发生了数量（多少个）的抽象。例如，在乌鲁克Ⅵ时期（公元前3500年），一个陶

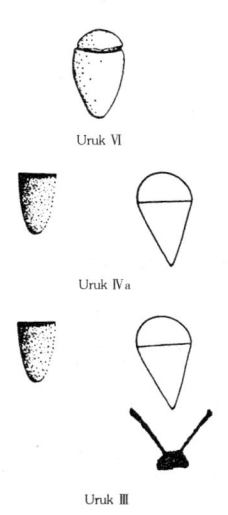

Uruk Ⅵ

Uruk Ⅳa

Uruk Ⅲ

筹表示一个油罐，或可能是"1 *sila* 油"。在乌鲁克Ⅳa时期（公元前3100年），同样的概念被写成两个符号："1"和象形文字"*sila* 油"。然而到了乌鲁克Ⅲ时期（公元前3000年），每个概念（"1"、"*sila*"、"油"）被分别写了出来，需要三个符号：

最后，符号能够依靠语音来发挥作用，它们代表语音，而不是物体。新的行政管理需求促使当时的人们采用语音手段把物品的出资者/接收者的名字记录在泥版上。个体的名字由像画谜一样的符号来表示，它们可以用语音读出来。名字"恩里勒-提"，意思是"恩里勒（赋予）生命"，由两个象形文字"神"（一个星星）和"生命"（一个箭头）书写而成。① 这就是分离音节的开端——符号不代表物品或概念，而是简单地代表传送到脑海中的声音。象形文字导致了音节的产生，后者是文字的真正起始点。

在古代近东，文字源于计数方式。公元前8000年左右，遵循一一对应原则的计数器被多种形状的陶筹所取代，后者更适于具象计数。最终，作为抽象计数主要产物的文字出现了，抽象计数使数量概念与所要计数的物品的概念分离了开来。计数器、朴素陶筹、复杂陶筹，这些记账方式每发生一次转变都对应一种新的经济体制：狩猎和采集、农耕、工业。记账方式发生的每一次变化还对应着一种新的政治体制：平等社会、等级社会和城邦。然而，公元前3100年至公元前3000年左右的象形文字和表音文字并不依赖于任何的社会经济活动。它是认知发展过程中一个新起点的产物，即抽象计数的产物。

---

① Ignace J. Gelb, *A Study of Writing*, rev. ed. (Chicago: University of Chicago Press, 1974), p. 67.

第八章 结论：陶筹，它们在史前时期的功用和它们对考古的贡献

> 在人类历史中，文字产生于公元前3千纪或公元前4千纪左右，在那个时代，人类已经开始了他们最基础也是最根本的发明……农耕、动物的驯养、制陶、纺织——这一系列的过程让人类停止了他们从旧石器时代就开始的、日复一日的生活，那时，他们狩猎或采集野果，然后积累起来……我们绝对不能忽视这一事实，某些基本形态的发展，可能是人类曾达到的最基本的形态，在没有文字的情况下是根本不可能完成的。
>
> ——克洛德·莱维-斯特劳斯[①]

近东5000年的史前时期包括两个重要阶段：农耕的开始和城市的兴起，在这段时间里，陶筹是一种文明诸多信息的唯一来源。通过它们可以洞察那些使用陶筹的社会，包括他们的经济体制和政治体制，还能知晓他们在数学方面的知识以及信息交流的方式。

---

① Georges Charbonnier, *Conversations with Claude Lévi-Strauss* (London: Cape Editions, 1973), pp. 27-28.

经济

陶筹最初的功能是记录物品的数量。朴素陶筹与农耕发生在同一时期,它们可以记录农产品的数量,例如:动物和燕麦。复杂陶筹与工业发生在同一时期,它们能够记录下列物品的数量:纺织品和外衣,香水、金属和首饰等奢侈品,面包、油或半成品的烤鸭等加工食品;在当时,这些均为美索不达米亚引以为傲的物品。

朴素陶筹到复杂陶筹的转化表明,该系统的演变与经济体制的变化息息相关,换而言之,算筹能够暴露以前的社会资源。朴素陶筹为植物种植和动物饲养提供了线索。经过几代的驯养之后,动物的骨骼结构发生了变化,在人们能够察觉到这些骨骼的变化之前,为小牲畜计数的圆柱体可为动物饲养提供些许蛛丝马迹。而复杂陶筹能够反映出作坊的发展情况。

政治体制

陶筹系统的两个发展阶段:朴素陶筹和复杂陶筹,分别对应着社会结构的两个发展阶段。朴素陶筹在早期的农耕社会为汇集资源而服务。它们预示着等级社会的到来。复杂陶筹在征税和纳贡方面发挥了重要的作用,二者为早期的美索不达米亚城邦提供必需品。它们标志着城邦在美索不达米亚南部地区的产生。另外,复杂陶筹在战略管理中心的地理分布勾画出了南美索不达米亚行政管理体系所控制的区域,并向我们展示了它们的组织情况。

数学

陶筹揭示的意义最重大的背景信息在记账领域。为物品记账用的陶筹形状各异，它们为古老的具象计数提供了证据。而且，从下面列出的陶筹的年代可以看出，具象计数逐渐演变成了抽象计数：

公元前8000年至公元前3500年左右：各式各样的算筹表明了一种具象计数系统的存在；每一种物品需要一种特定形状的算筹。例如，卵形体代表油罐，圆锥体代表谷物的度量单位。数量的表达遵循一一对应的原则：3个卵形体＝3罐油。

公元前3500年至公元前3100年左右：压印在封球和泥版表面的、一一对应的标记表明，产品的概念和数量的概念仍然混合在一起。这也说明了，具象计数仍然普遍存在。

公元前3100年左右（乌鲁克Ⅳa时期）：人们发明了数字。需要计数的物品和数量终于分离了开来。每个概念均由一个特定的符号来表示，需要计数的物品由刻画的象形文字来表示。这些象形文字不再以一一对应的方式反复出现。单位的数量由1、10、60、360这样的数字来体现。这些是最早以抽象的方式来表达数量的符号，也就是说，独立于所要计数的物品之外。早期的数字由压印符号组成，而这些压印符号在以前代表谷物的度量单位和动物的数量，之后，它们表达一种新的抽象含义。

公元前3100年至公元前2500年：记录多种物品数量的原始计数法仍然残留，这表明，从具象计数到抽象计数的过渡持续了几个世纪之久。

信息交流

在信息交流方面出现了一系列的转折点，陶筹就是其中之一。最早的、已知的编码的发明是第一个阶段，概念上的飞跃使这种发明成为了一种可能：人们发明了一系列具有特定形状的陶筹，并赋予每一种形状一个独特的、具体的含义。符号由醒目的、分明的几何形状构成，很容易辨识。算筹形状简单并易于复制，因此可以系统地被重复使用并总是带有相同的含义。后来，随着标记集合的不断发展，编码演变为成百上千个概念符号。该系统使人们可以同时处理多种数据，还能够处理和交流大量的复杂信息，这在以前是根本达不到的。

陶筹发明之后所发生的情况如下：

公元前 3700 年至公元前 2600 年：当成堆的、代表特定交易的陶筹被封存在封球中存储为档案时，第二个阶段就到来了。有些封球的表面带有封存在里面的陶筹压印上去的痕迹。这些封球表面的标记是陶筹和文字之间的转折点。

公元前 3500 年至公元前 3100 年（乌鲁克Ⅵ—Ⅴ时期开始）：泥版表面出现了陶筹形状的压印标记，后来泥版取代了封球。

公元前 3100 年至公元前 3000 年（乌鲁克Ⅳa时期开始）：象形文字由笔在黏土泥版上书写而成，这标志着真正的文字产生了。陶筹的数量逐渐减少。

我们已经知道,当两种概念——"数量"和"所要计数的物品"——被剥离出来之后,象形文字就不再限于表示物品单位的数量。随着数字的发展,象形文字也不再仅限于应用在记账方面,而是融入到了人类活动的其他领域。从此,文字就可能被语音化,并可能演变成多种多样的工具,就像今天一样,文字能够存储、传递任何可能的想法。抽象数字的发明是数学的开始,同样也是文字的开始。

陶筹是寻常的算筹,虽然它们被用来处理日常生活中的食物和其他基本的物品,但在使用它们的社会中,却扮演着重要的角色。它们被用来控制物品,它们还可以影响经济体制;它们是权力的工具,它们还创造了新的社会模式;它们可以用来处理数据,它们还改变了思维的模式。总之,陶筹是一种计数和记录的工具,是数学和信息交流发展过程中的分水岭。

第三部分

史前古器物

图画和照片

在下列图表中，每种陶筹的亚型均列出了一个具有代表性的例子。尽管陶筹由手工制成，它们并未标准化，但认识到这一点是非常重要的。《文字之前　卷二：近东陶筹目录》举例说明了相同亚型的器物在形状和标记风格（例如：类型 6∶14 或 8∶17）方面发生了怎样的变化。只在发生重大变化（例如：类型 3∶51 侧面的差异）时，才会提供相同亚型的多个图样。圆锥体（类型 1∶46）或盘状物（类型 3∶79）表面不同的绘制图案未显示出来。

为了显示出打孔的位置，下面的图表选取了打孔的，而不是未打孔的器物。若证据充足，有几种图样描绘出了打孔的位置变化（例如：类型 3∶19）。

在任何可能的情况下，这些图形均以照片为基础。然而，在很多种情况下，艺术家能接触到的唯一资源就是在博物馆中画下的草图。图解范例并未考虑比例的问题。图画的关键部分如下：

打孔

打点

刻画线

绘制的图形

	1. 圆锥体		
等腰的	1：1 小的	1：2 大的	1：3 长的
等边的/扁平的	1：4 小的	1：5 大的	1：6 扁平的
特殊形状	1：7 圆头	1：8 中空的	1：9 水滴形的	1：10 底部狭窄	1：11 脊骨形的	1：12 平头的	1：13 高的、平头的
	1：14 弯曲的	1：15 顶点经挤捏的	1：16 双顶点	1：17 挤捏的和打点的
打点	1：18 顶点打点的	1：19 一个点	1：20 齿状点	1：21 两个点

续表

	1. 圆锥体					
打点	1：22 中心凸起	1：23 底部打点	1：24 一条半圆形的线	1：25 七个点	1：26 集中打点	1：27 图案
刻画线 水平的	1：28 带刻画线的等腰形	1：29 带刻画线的等边形	1：30 顶点带刻画线	1：31 多个平行笔画	1：32 多条刻痕	
垂直的	1：33 多条线					
水平的和垂直的	1：34 阶梯形图案	1：35 多条水平线和多条垂直线		1：36 一条垂直线和三条水平线		1：37 方格
斜线的	1：38 螺旋凹槽			1：39 螺旋线		
底部/侧面有标记	1：40 一个笔画		1：41 多个笔画	1：42 两条垂直相交的线		1：43 底部有刻画线

续表

	1. 圆锥体	
刻画线图案	1：44 一个圣安德鲁十字	1：45 带斑点的多个三角形
绘制的	1：46 绘制的	
附属标记	1：47 附属卵形	1：48 附属小球	1：49 附属螺旋

续表

	2. 球体				
朴素的	2：1 朴素的		2：2 大于 3cm 的		
打点的	2：3 一个点	2：4 三个点	2：5 多个点	2：6 多个小点	2：6A 一个圆圈和一个点
切口	2：7 一个切口		2：8 两个切口		
刻画线	2：9 一条线		2：10 阶梯形图案		
垂直相交的	2：11 一个十字		2：12 垂直相交的线		2：12A 一个刻画的星形
多条线和多个点	2：13 多条线和多个点				
挤捏的/附属标记	2：14 附属物		2：15 挤捏的		2：16 附属物
3/4 球体	2：17 3/4 球体	2：18 两个笔画	2：19 两条线	2：20 多条线	2：21 刻画的和打点的	2：22 锯齿线	2：23 四个笔画

续表

	2. 球体						
1/2 球体	2：24 半球体	2：25 一条线	2：26 一个凹槽	2：27 多个笔画	2：27A 一个点	2：28 多个点	2：29 挤捏的
1/4 球体	2：30 1/4 球体		2：31 一个笔画		2：32 两个笔画		2：33 多个笔画

续表

	3. 盘状物			
朴素的	3：1 扁平的	3：2 大扁平的	3：3 凸面的	3：4 大凸面的
特殊形状	3：5 中空的		3：6 中间凹陷的	3：7 侧面凹陷
打点	3：8 一个点	3：8A 三个点	3：9 六个点	3：10 六个点
	3：11 七个点	3：12 多个圆圈	3：13 多个圆圈	3：14 一个圆圈	3：14A 两个点，两个同心圆
	3：14B 侧面多条线	3：15 多个点	3：15 麻点区域	3：16 指甲印
打孔	3：17 两个孔		3：18 五个孔	

续表

	3. 盘状物			
刻画线	3：19 中间一条线	3：20 三条线	3：21 四条线	
	3：22 五条线	3：23 六条线	3：24 八条线	
	3：25 十条线	3：26 一个圆圈和三条线	3：27 多条放射状的线	
平行线	3：28 两条线	3：29 两条线和一条线	3：30 两条线和两条线	3：31 三条线和三条线
	3：32 四条线和四条线	3：33 五条线和五条线	3：34 一条线和一条线，锯齿线	3：35 三条线和三条线，锯齿线
平行线和笔画	3：36 一条线，七个笔画	3：37 两条线，一个笔画	3：37A 两条线，五个笔画	3：38 两条线，六个笔画	3：39 两条线，六个笔画
	3：40 两条线，七个笔画	3：41 两条线，八个笔画	3：42 三条线，六个笔画	3：42A 五条线，六个笔画

续表

	3. 盘状物			
平行线和笔画	3：43 五条线，七个笔画	3：44 五条线，十三个笔画	3：45 十条线，五个笔画	3：46 十条线，九个笔画
	3：47 十二条线，七个笔画	3：48 四条线，五个笔画	3：49 三条线，四个笔画	3：50 三条线，七个笔画
垂直相交的线	3：51 垂直相交的线	3：52 侧面有刻画线		3：52A 四个点
	3：53 一个十字和多个笔画		3：54 一个十字和人字形	
	3：55 四条垂直相交的线	3：56 多条垂直相交的线		3：57 六条垂直相交的线
	3：58 一个打点的区域	3：59 多个打点的区域		3：59A 多个打点的区域
	3：60 多条交叉线	3：61 刻画的正方形	3：62 多条交叉线	3：63 多条交叉线

续表

	3. 盘状物					
笔画	3：64 多个笔画成圆圈形	3：65 随意的笔画	3：66 三个笔画	3：67 两条线，三个笔画	3：68 多个笔画和多个点	3：69 多个笔画和多个点
边缘带有刻画符号	3：70 侧面围绕一条线		3：71 侧面有多个笔画		3：72 锯齿线	
挤捏的	3：73 挤捏的	3：74 侧面一个点		3：75 星形	3：76 齿状的	
	3：77 齿状的			3：78 折叠的		
绘制的	3：79 绘制的			3：80 绘制的十字		
高的	3：81 高的		3：82 一个点		3：83 垂直相交的线	
再加工的碎片	3：84 再加工的碎片			3：85 再加工的绘制碎片		
鹅卵石	3：86 鹅卵石			3：87 带刻画符号的鹅卵石		

续表

	4. 圆柱体			
朴素的	4：1 两端渐细	4：2 两端成圆形	4：3 三角形截面	4：4 大的
打点	4：4A 多个点		4：5 不规则的点	
笔画	4：6 一个缺口	4：7 多个笔画	4：8 多组笔画	4：9 多种笔画
布满的	4：10 短切口		4：11 多个切口	4：12 多个切口
凹槽	4：13 一个凹槽		4：14 两个凹槽	
刻画线	4：15 四条纵向的线		4：16 六条纵向的线	4：17 八条纵向的线
交叉线	4：18 网格	4：19 多条平行线和网格	4：20 纵横交错的网线	4：20A 三条线，多个点
	4：21 阶梯形图案	4：22 多个笔画和锯齿形	4：22A 六个点	4：22B 一个十字和一个星形

续表

	4. 圆柱体		
交叉线 斜线	4：23 多条环形线	4：24 纵横交错的网线	
绘制的	4：25 绘制的	4：26 多条绘制的线	
挤捏的/附属物	4：27 挤捏的	4：28 中间收缩	4：29 附属螺旋
按摩模型制造的，扭曲的	4：30 部件逐渐减小	4：31 手工挤压	4：32 扭曲的

续表

	5. 四面体	
朴素的	5：1 朴素的	5：2 大于 3cm 的
三脚架	5：3 三脚架	5：4 高三脚架
打点	5：5 一个点	5：6 顶点一个点
刻画线	5：7 一条线 | 5：8 多条线 | 5：8A 两条线 | 5：9 底部带有刻画线 | 5：10 垂直相交的线	
刻画线	5：11 多个小十字 | 5：12 多个小点 | 5：13 一条线，布满麻点的	
金字塔形	5：14 金字塔形 | 5：15 大金字塔形 | 5：16 中空的	

续表

	6. 卵形体				
朴素的	6：1 朴素的		6：2 大的		
打点	6：3 打点的		6：4 打点的		
	6：5 顶端有多个小点	6：6 上部有多个小点	6：6A 布满打点	6：7 指甲印	
刻画线垂直的字符	6：8 两条线	6：9 四条线	6：9A 六条线	6：10 多条线	6：11 人字形
水平的字符	6：12 顶端一条环线		6：13 多条线	6：13A 一个半圆形	
	6：14 一条环线		6：15 四条垂直线		
	6：16 五条垂直线		6：17 六条垂直线	6：18 十条垂直线	
	6：19 一个十字	6：20 人字形	6：21 刻画并打点的	6：22 六个点	

续表

	6. 卵形体		
相交的字符	6：23 一个十字	6：24 两条斜线和一个十字	6：25 纵横交错的网线
挤捏的/附属物	6：26 挤捏的	6：27 附属螺旋	6：28 附属小球

续表

143	7. 长方体			
朴素的	7：1 朴素的			
打点	7：2 一个点	7：3 两排点	7：4 周围多个点	
笔画	7：5 十六个笔画	7：6 多个笔画	7：7 多条线和多个笔画	7：8 多个笔画	7：9 多个指甲印
水平线	7：10 六条水平线	7：11 七条水平线	7：12 一条半环线	
交叉线	7：13 垂直相交的线	7：14 垂直相交的线	7：15 多条垂直线和多条水平线	7：16 多条垂直线和多条水平线
	7：17 交叉线	7：18 阶梯形图案	7：19 双阶梯形	

图画和照片 217

续表

	7. 长方体					
象形文字	7：20 象形文字	7：21 象形文字	7：21A 象形文字	7：22 象形文字	7：22A 象形文字	
	7：23 象形文字			7：23A 象形文字		
附属物	7：24 附属螺旋		7：25 一个十字和附属小球		7：26 交叉的和附属物	
	7：27 交叉的和挤捏的					
长方形的/立方体	7：28 一个圣安德鲁十字	7：29 立方体	7：30 一个十字，带麻点的，附属物	7：31 一个十字和人字形	7：32 一个十字和人字形	

续表

	8.三角体		
朴素的	8：1 扁平的截面		8：2 椭圆的截面
	8：3 新月形的		
打点	8：4 多个点		
笔画	8：5 一个笔画	8：6 两个笔画	8：7 三个笔画	8：8 五个笔画	8：9 七个笔画	8：10 十个笔画
刻画线	8：11 中间一条线	8：12 左侧一条线	8：13 右侧一条线	8：14 两条线	8：15 三条线	8：16 四条线
	8：17 五条线	8：18 六条线	8：19 七条线	8：2 八条线	8：21 九条线	8：22 十条线

续表

	8. 三角体				
平行线	8：23 一条线	8：24 两条线	8：25 三条线	8：26 四条线	
线/笔画/打点	8：27 两条线，一个笔画	8：28 两条线，两个笔画	8：29 阶梯形	8：30 中间一条线和多个笔画	8：31 两条线，一个点
	8：32 五条线，右侧一个点	8：33 五条线，左侧一个点	8：34 多条线和多个点	8：35 三线，多个点	8：36 垂直相交的线	8：37 网格
侧面/底部有刻画线	8：38 侧面有刻画线	8：39 侧面有多条刻画线	8：40 挤捏的和刻画的	8：41 两条线，前部一条线	8：42 三条线，前部一条线
阶梯形/布满刻画线	8：43 侧面有阶梯形		8：44 阶梯形图案		8：45 多个指甲印

续表

147	9. 双圆锥体			
朴素的	9：1 朴素的	9：2 侧面平滑	9：3 两端扁平	9：4 大的
打点	9：5 多个小点			
刻画线 水平的	9：6 一条环线	9：7 三条线	9：8 多条水平线和多条垂直线	9：9 刻画的和打点的
垂直的/交叉的	9：10 一条垂直线	9：11 多条垂直线	9：12 多条垂直线	
	9：13 多条水平线	9：14 多条水平线和多条垂直线	9：14A 人字形图案	9：15 刻画的菱形

续表

	10. 抛物体				
朴素的	10：1 朴素的		10：2 挤捏的		
打点	10：2A 六个点		10：3 多个点		
笔画	10：4 三个笔画	10：5 四个笔画	10：6 五个笔画	10：6A 八个笔画	10：6B 四个笔画和五个笔画
	10：7 十个笔画	10：8 多个笔画和多个点	10：9 垂直相交的线	10：10 一条线，九个笔画	10：11 多条线和多个笔画
半环形的线	10：12 一条半环形的线	10：13 中间一条线	10：14 三条线	10：15 八条线	
线/笔画	10：16 挤捏的，三条线		10：17 挤捏的，五条线		10：18 多条斜线

续表

	10. 抛物体		
线/笔画	10：19 多条水平线	10：20 多条线，一个笔画	10：21 多个笔画
	10：22 侧面有刻画线	10：22A 一条线	10：23 多个点和多条线	10：23A 多个点和多条线
麻点区域	10：24 一个麻点区域	10：25 多个笔画和一个麻点区域	10：26 阶梯形图案

续表

	11. 卷曲体		
凸起的截面	11：1 两端平行	11：2 侧面有刻画线	11：3 六个点
扁平的截面	11：4 椭圆形部分有刻画线	11：5 侧面有刻画线	11：6 两个笔画
	11：7 中间一条线	11：8 一个十字	11：9 一个圆圈和一条线
打点	11：10 六个点	11：11 双面均有标记	11：12 多条刻画线和多个点

续表

12. 椭圆体 / 菱形体					
椭圆体	12：1 朴素椭圆体	12：2 平头的	12：3 两条线	12：4 三条线	12：5 侧面一条线
菱形体	12：6 纵横交错的网线				
其他	12：7 无形状的		12：8 侧面一条线		12：9 多个点
	12：10 刻画的长方形		12：11 正面和侧面有多个笔画		12：12 一个点
	12：13 一个十字			12：14 附属物	

	13. 容器形				
水罐	13：1 水罐		13：2 水罐，一条环线		
油罐	13：3 油罐	13：4 带刻画线的油罐	13：5 刻画的星形	13：6 一条线，顶部带麻点	
带柄的油罐，高肩的	13：7 环状柄	13：8 五个点	13：9 高肩的	13：10 带有刻画线的	
底座	13：11 底座		13：12 器物底座		
瓶子	13：13 瓶子	13：14 瓶子	13：15 瓶子	13：16 瓶子	13：17 花瓶
	13：18 花瓶	13：19 瓶子和一个十字		13：20 朴素的	
小罐	13：21 花瓶	13：22 小罐	13：23 小罐	13：24 罐子，翻边	13：25 瓶子

	13. 容器形		
小罐	13：26 脊骨形的和打点的	13：27 罐子，一个十字	13：28 打点的花瓶
不常见的形状	13：29 水罐	13：30 挤捏的小罐	13：30A 多个网线条带	13：31 打点的和刻画的小罐	13：32 双颈罐	13：33 环状颈	13：34 颈部收紧
碗/杯	13：35 圆碗		13：36 阔口碗	
	13：37 三角形小罐	13：38 圈足杯	13：39 有柄杯	13：40 带嘴壶
	13：41 绘制的高脚杯	13：42 高脚杯		13：43 火盆
托盘	13：44 托盘	13：45 有柄托盘		13：46 脊骨状的

图画和照片

续表

	14. 工具形		
工具形	14：1 斧子形的	14：2 锄头形的	14：3 锄头形的
	14：4 铲形	14：5 斧子形的	14：6 锯形的
	14：7 镰刀形的	14：8 工具形	14：9 锯形的
家具/用具形	14：10 床		14：11 长勺形

续表

155 兽首	15. 动物形				
	15：1 兽首		15：2 带颔毛的兽首		
形状格式化的	15：3 头盖骨		15：4 格式化的头		15：5 六个点
腿	15：6 腿				
写实的头	15：7 头		15：8 头		15：9 狗
	15：10 打点的		15：11 附属的兽角		
动物形	15：12 动物的前部	15：13 蜷缩的	15：14 一条线	15：15 盘曲	15：16 简图的
皮毛	15：17 皮毛	15：18 六个点	15：19 一个十字	15：20 纵横交错的网线	

续表

半成品家禽	15.动物形			
	15:21 家禽	15:21A 褶皱带	15:22 家禽	15:23 一条线
	15:24 半成品烤鸭①		15:25 半成品烤鸭	
	15:26 三条线		15:27 半成品烤鸭	15:28 垂直相交的线

---

① 只是把鸭子拔了毛，捆好了，还未烤熟，所以此处用"半成品"一词。这样做的目的是把半成品拿回家烤熟，所以用"烤鸭"一词。——译者

续表

157	16. 其他			
人头	16：1 头			
外衣（？）	16：2 人形	16：3 一组笔画	16：4 一组笔画	16：5 两组笔画
人	16：6 腿		16：7 阴茎	
水果	16：8 石榴			
鱼	16：9 两条线，多个笔画		16：10 纵横交叉的网线	
双曲面/其他	16：11 兽角形		16：12 尖端分叉的	
	16：13 双曲面		16：14 上部凸起	

续表

双曲面/其他	16. 其他	
	16：15 距骨形	16：16 简图的
	16：17 环形	16：18 一个网线交叉带

注　释

缩略语

ATU　　Adam Falkenstein, *Archaische Texte aus Uruk*, Ausgrabungen der deutschen Forschungsgemeinschaft in Uruk-Warka, vol. 2 (Leipzig: Kommissionsverlag Otto Harrassowitz, 1936).

BaM　　*Baghdader Mitteilungen* (Berlin).

BW　　Denise Schmandt-Besserat, *Before Writing, Volume I : From Counting to Cuneiform; Volume II : A Catalog of Near Eastern Tokens* (Austin: University of Texas Press, 1992).

Dafi 1a　Geneviève Dollfus, "Les Fouilles à Djaffarabad de 1969 à 1971," *Cahiers de la Délégation Archéologique Française en Iran*, vol. 1, 1971, pp. 17–161.

Dafi 1b　Alain Le Brun, "Recherches stratigraphiques à l'Acropole de Suse (1969–1971)," *Cahiers de la Délégation Archéologique Française en Iran*, vol. 1, 1971, pp. 163–216.

Dafi 1c　François Vallat, "Les documents épigraphiques de l'Acropole (1969–1971)," *Cahiers de la Délégation Archéologique Française en Iran*, vol. 1, 1971, pp. 235–245.

Dafi 3　François Vallat, "Les Tablettes proto-élamites de l'Acropole

(Campagne 1972)," *Cahiers de la Délégation Archéologique Française en Iran*, vol. 3, 1973, pp. 93-103.

Dafi 5　Geneviève Dollfus, "Les Fouilles à Djaffarabad de 1972 à 1974, Djaffarabad, périods I et II ," *Cahiers de la Délégation Archéologique Française en Iran*, vol. 5, 1975, pp. 11-219.

Dafi 8a　Alain Le Brun and François Vallat, "L'Origine de l'écriture à Suse," *Cahiers de la Délégation Archéologique Française en Iran*, vol. 8, 1978, pp. 11-59.

Dafi 8b　Alain Le Brun, "La Glyptique du niveau 17B de l' Acropole (Campagne 1972)," *Cahiers de la Délégation Archéologique Française en Iran*, vol. 8, 1978, pp. 61-79.

Dafi 9a　Denis Canal, "La Terrase haute de l' Acropole de Suse," *Cahiers de la Délégation Française en Iran*, vol. 9, 1978, pp. 11-55.

Dafi 9b　Alain Le Brun, "Le Niveau 17B de l'Acropole de Suse (Campagne 1972)," *Cahiers de la Délégation Archéologique Française en Iran*, vol. 9, 1978, pp. 57-154.

M 7　J. de Morgan, G. Jéquier, R. de Mecquenem, B. Haussoulier, and D.-L. Graat van Roggen, *Mémoires de la Délégation en Perse, vol. 7, Recherches arch*éologiques, *2ème sèrie* (Paris: Editions Ernest Leroux, 1905).

M 12　M.-C. Soutzo, G. Pézard, G. Bondoux, R. de Mecquenem, M. Pézard, J.-E. Gautier, and P. Toscanne, *Mémoires de la Délégation en Perse, vol. 12, Recherches archéologiques, 4ème sèrie* (Paris: Editions Ernest Leroux, 1911).

M 13　　E. Pottier, J. de Morgan, and R. de Mecquenem, *Mémoires de la Délégation en Perse,* vol. 13, *Recherches archéologiques, 5ème série. Céramique peinte de Suse et petits monuments de l'époque archaïque* (Paris: Editions Ernest Leroux, 1912).

M 16　　L. Legrain, *Mémoires de la Mission archéologique de Perse,* vol. 16, *Empreintes de cachets élamites* (Paris: Editions Ernest Leroux, 1921).

M 17　　V. Scheil, *Mémoires de la Mission archéologique de Perse,* vol. 17, *Textes de comptabilité proto-élamites* (*nouvelle série*) (Paris: Editions Ernest Leroux, 1923).

M 25　　Allote de la Fuye, N.-T. Belaiew, R. de Mecquenem, and J.-M. Unvala, *Mémoires de la Mission archéologique de Perse,* vol. 25, *Archéologie, métrologie et numismatique susiennes* (Paris: Editions Ernest Leroux, 1934).

M 29　　R. de Mecquenem, G. Contenau, R. Pfister, and N. Belaiew, *Mémoires de la Mission archéologique en Iran, Mission de Susiane,* vol. 29, *Archéologie susienne* (Paris: Presses Universitaires de France, 1943).

M 30　　R. de Mecquenem, G. Contenau, R. Pfister, and N. Belaiew, *Mémoires de la Mission archéologique en Iran, Mission de Susiane,* vol. 30, *Archéologie susienne* (Paris: Presses Universitaires de France, 1947).

M 43　　Pierre Amiet, *Mémoires de la Délégation archéologique en*

Iran, Mission de Susiane, vol. 43, La Glyptique susienne, vols. 1 and 2 (Paris: Librairie Orientaliste Paul Geuthner, 1972).

M 46   M. J. Steve and H. Gasche, Mémoires de la Délégation archéologique en Iran, Mission de Susiane, vol. 46, L'Acropole de Suse (Leiden: E. J. Brill; Paris: P. Geuthner, 1971).

OIC   Oriental Institute Communications. Chicago: University of Chicago.

OIP   Oriental Institute Publications. Chicago: University of Chicago.

PI   S.Langdon, *The Herbert Weld Collection in the Ashmolean Museum: Pictographic Inscriptions from Jemdet Nasr*, Oxford Editions of Cuneiform Texts 7 (Oxford, 1928).

UVB   Julius Jordan, *Vorläufiger Bericht über die von der deutschen Forschungsgemeinschaft in Uruk-Warka unternommenen Ausgrabungen, Abhandlungen der preussischen Akademie der Wissenschaften, Phil.-hist. Klasse* (Berlin), vol. 2, 1931; vol. 3, 1932.

Henrich J. Lenzen, *Vorläufiger Bericht über die von dem deutschen archäologischen Institut und der deutschen Orientgesellschaft aus Mitteln der deutschen Forschungsgemeinschaft unternommenen Ausgrabungen in Uruk-Warka* (Berlin), vol. 15, 1959; vol. 17, 1961; vol. 21, 1965; vol. 22, 1966; vol. 23, 1967; vol. 24, 1968; vol. 25, 1974. Jürgen Schmidt, *Vorläufiger Bericht über die von dem deutschen archäologischen Institut aus Mitteln der deutschen Forschungsgemeinschaft unternommenen*

Ausgrabungen in Uruk-Warka (Berlin), vols. 31 and 32, 1983.

ZATU   M. W. Green and Hans J. Nissen, *Zeichenliste der archaischen Texte aus Uruk*, Ausgrabungen der detuschen Forschungsgemeinschaft in Uruk-Warka, vol. 11, *Archaische Texte aus Uruk*, vol. 2 (Berlin: Gebrüder Mann Verlag, 1987).

术 语 表

  因陶筹是个全新的议题，现有的词汇通常不能满足表达的需要，因此，本书原作者赋予了书中的一些关键词以特定的含义，现记录如下。

垂饰：椭圆形或双圆锥形的饰物，上面刻有印章。我认为这些器物有一部分与陶筹穿在了一起（图10和图11）。

复杂陶筹：公元前4千纪神庙管理体制中的典型陶筹。该类陶筹包括前文描述的所有16个类别。这些器物大量使用标记，或是线性标记，或是打点标记，或是附属物（图5和图6）。

算筹：因为陶筹的功用是计数和记账，我把"陶筹"和"算筹"当作同义词使用。

记事表：用来证明已完成的劳动量的物体，可以用来交换薪酬。

封球：中空的球形、卵形或椭圆形黏土球，用来存放陶筹，通常带有印章的压印痕迹（图12和图13）。

压印泥版：带有用陶筹或笔的钝端压印而成的记号的泥版。在文献资料中，这些泥版被称为"数字泥版"。我认为符号指称的并非数量，而是物品的计量单位（图18）。

刻画泥版：带有用笔的尖端刻画而成的符号的泥版（图25）。

标记：一种前文字时期的符号，是文字的前身（图15、图16和

图18）。

近东："中东"的同义词，包括下面几个国家：伊朗、伊拉克、土耳其、叙利亚、黎巴嫩、约旦、以色列，或者说包括波斯、美索不达米亚、安那托利亚、叙利亚和巴勒斯坦的古代行省。

象形文字泥版：带有用笔的尖端刻画而成的符号的泥版。以前，"象形文字"是"图画文字"的意思，因为符号均以它们所描摹的物品的形状出现。在本书中，"象形文字"也指称那些延续了陶筹形状的符号（图25）。

朴素陶筹：公元前8000年至公元前4300年之间及公元前3100年之后的典型陶筹。形状大多限于圆锥体、球体、盘状物、圆柱体和四面体。表面通常无任何装饰（图3）。

符号：书写的字符（图25）。

陶筹：小的器物，通常由黏土制成，形状有以下16种：圆锥体、球体、盘状物、圆柱体、四面体、卵形体、长方体、三角体、双圆锥体、抛物体、卷曲体、椭圆体/菱形体、容器形、工具形、动物形和其他。我认为，这些物体被用作给物品做记录的算筹（图4）。

索　引

（斜体字的页码表示图片）

Abnati　阿卜那提　10—11
Abstract counting　抽象计数　111, 112, 116—120, 124
Abu Es-Soof, Behnam　阿布·埃斯-苏夫，贝赫纳姆　167n.34
Abusch, Tzvi　阿布施，茨维　163n.37
Accounting　记账
 animals　动物～　81—83, 102, 123
 art evidence of　～的艺术证据，106—107, *106, 107*
 commodities　日常用品的～　83, 109
 definition of　～的定义，103
 grain　谷物的～　80—81, 93—95, *95*, 117—120
 land　土地的～　81
 origin of　～的起源　103
 signs used for　～用的符号　80—84
 in temple bureaucracy　神庙行政管理体制中的～　105—110, *106, 107*
 textual evidence of　～的文献证据　104—106
 and tokens　～与陶筹，123
 See also Counting　另见计数
Adam　亚当　4
Agriculture　农业　33, 34, 102, 123

Alexander, S. M.　亚历山大　168n.12, 172n.39
Ali Kosh　阿利库什　30
Amiet, Pierre　阿米耶，皮埃尔　11—12, 117, 160, 163—164nn.43—47, 169n.37, 179n.25, 181n.27
Amuq　阿穆克　25
Animals　动物
 counting　～计数　9, *10*, 81—83, 102, 123
 domestication of　～的驯养　33, 102
 as Upper Paleolithic and Mesolithic symbols　旧石器时代早期和中石器时代的～象征　91
Animal tokens　动物形陶筹
 as complex tokens　作为复杂陶筹的～　16, 17
 in envelopes　封球中的～　46—49, *49*
 manufacture of　～的制作　17
 markings on envelopes to indicate　封球表面起提示作用的～标记　51
 number of　～的数量　20
 pictographs of　～的象形文字　*72*
 as plain tokens　作为朴素陶筹的～16

185

subtypes of ~的亚型 15, 18, 19, 155—156
Anu Ziggurat 阿努塔庙 30, 57, 58, 153
Appliqué markings 附属标记 16
Arabic numerals 阿拉伯数字 120
Architecture, monumental 建筑，纪念性的 108
Arpachiyah 阿尔帕契亚 24, 34, 35—36
Ascher, Marcia and Robert 阿舍尔，马西娅与罗伯特 179n.21
Assemblages 器物 33, 34, 46
Astle, Thomas 阿瑟尔，托马斯 162n.14
Aurenche, Olivier 奥朗什，奥利维耶 166n.27, 179n.18

Barger, Thomas C. 巴杰，托马斯 169n.17
Barth, Fredrik 巴思，弗雷德里克 178n.4
Barton, George A. 巴顿，乔治 4, 162n.21
Bar-Yosef, Ofer 巴尔-优素福，奥弗 177nn.9, 13, 17
Beale, Thomas 比尔，托马斯 110, 180n.29
Beigaben 陪葬品
See Funerary offerings 见陪葬品
Belaiew, N.-T. 贝莱优 160
Beldibi 贝尔迪比 91
Belfer-Cohen, Anna 贝尔福-科恩，安娜 177nn.9,17
Belt Cave 洞穴地带 29
Bent coils 卷曲体 15, 16, 18, 19, 20, 23, 149
Berger, Rainer 伯杰，雷纳 166n.28

Berossus 贝洛索斯 3
Beveled-rim bowls 斜面碗 34, 57, 110
Bible 圣经 3—4, 162n.14
Biconoids 双圆锥体 15, 16, 18, 19, 20, 22, 147
Biersack, Aletta 比尔扎克，阿莱塔 180n.7
Blumentopf 倾面碗 57
Boas, Franz 博厄斯，弗朗兹 112, 180n.8
Body counting 身体计数 112
Boese, Johannes 伯泽，约翰尼斯 168n.14
Bökönyi, Sandor 伯克尼，尚多尔 166n.28
Bondoux, G. 邦杜 160
Bones, notched 骨头，有切口的 90—92, 91, 101, 114
Bostanci, Enver Y. 博斯坦哲，恩维尔 177nn.18—19
Bouqras 布克拉斯 101
Boustrophedon 交错书写 62
Braidwood, Robert J. 布雷德伍德，罗伯特 165n.2, 166n.28, 178n.26, 179n.7
Brandes, Mark A. 布兰德斯，马克 176n.182, 179—180n.26
Broman, Vivian L. 布罗曼，薇薇安 8, 25, 163n.33, 165n.11
Bruner, Jerome S. 布鲁纳，杰尔姆 176—177n.3
Bullae 垂饰
  and Bureaucracy ~与行政管理体制 110
  compared with envelopes ~与封球的对比 41—42
  definition of ~的定义 183
  from Habuba Kabira 哈布巴卡比拉

的 ~ 40—42
   impressed markings on　~表面的压印标记　42
   and strings of tokens　~与陶筹串 39—42, *41*
   from Susa　苏萨的 ~　39—42, *41*, 168n.6
Bureaucracy　行政管理体制
   associated with tokens　~与陶筹相关的 ~ 33—34
   and complex tokens　~与复杂陶筹 109
   development of　~的发展　109—110
   in temple　神庙中的 ~　105—110, *106, 107*
Burials　坟墓　34—35, *35*, 90
   See also Funerary offerings　另见陪葬品
Burstein, Stanley Mayer　布尔施泰因, 斯坦利·迈尔　161n.10

Calendar, lunar　历法, 阴历　91—92, 101, 114
Calvot, D.　卡尔沃　166n.25
Canal, Denis　卡纳尔, 丹尼斯　159
Cardinality　基数性　115
Çatal Hüyük　恰塔尔许于克　102, 167
Cauvin, Jacques　科万, 雅克　165n.3, 178n.25, 178—179n.6
Cereals　燕麦
   See Grain measurement　见谷物的度量单位
Chagar Bazar　莎贾尔巴扎尔　42
Charbonnier, Georges　沙博尼耶, 乔治　165n.1, 170n.1, 182n.1
Cheikh Hassan　谢赫哈桑　29, 33, 102
Cherry, Colin　彻里, 科林　161n.1

Chervin, Arthur　谢尔万, 阿蒂尔　180n.5
Chiera, Edward　基耶拉, 爱德华　5, 6, 162n.24
Childe, V. Gordon　蔡尔德, 戈登　6, 162n.26
Chogha Mish　舒加米什　24, 33, 40, 42—47, 55, 57
Claiborne, Robert　克莱本, 罗伯特　162n.28
Clay　黏土
   as material for tokens　作为陶筹材质的 ~　17
Clusters of tokens　陶筹堆　32
Cohen, Mark Nathan　科恩, 马克·纳坦　179n.13
Cohen, Sol　科恩, 索尔　161n.6
Collon, Dominique　科隆, 多米尼克　170n.9
Commodities　日常用品
   accounting of　~的记账　83, 109
   pictographs of　~的象形文字　*76*
Communication　信息交流
   and tokens　~与陶筹　124—125.
   See also Writing　另见文字
Complex tokens　复杂陶筹
   and accounting　~与计账　83
   and bureaucracy　~与行政管理体制　108, 109
   chronology of　~的年代　124
   definition of　~的定义　183
   in envelopes　封球内的 ~　42, *49*
   in evolution of tokens　陶筹演变过程中的 ~　16—17
   in fourth millennium B.C.　公元前4千纪的 ~　33
   and industry　~与工业　102, 103, 123

and levy of tribute ～与纳贡 110
manufacture of ～的制作 17
markings on ～表面的标记 16—17
new types of ～的新类型 16
as prototypes of pictographs 作为象形文字原型的～ 68, 71—79
and social structure ～与社会结构 123
strung with plain tokens 与朴素陶筹串在一起的～ 17
from Susa 苏萨的～ 20
and taxation ～与税收 108, 108—110
type of settlement associated with 与～相关的聚居区的类型 29
uses of ～的使用 37
Computing 计算 103
Conant, Levi Leonard 科南特, 利瓦伊·伦纳德 180n.5
Concrete counting 具象计数 7—8, 112, 117, 124
Concrete numbers 具象数量
definition of ～的定义 111
Cones 圆锥体
accounting uses of 用于记账的～ 80—81, 102
as complex tokens 作为复杂陶筹的～ 17
documentation of, in different sites 与～有关的文献, 不同遗址中的 24
in envelopes 封球中的～ 46—49, 49
as funerary offerings 作为陪葬品的～ 36
markings on envelope to indicate 封球表面起提示作用的～标记 51
number of ～的数量 20

as plain tokens 作为朴素陶筹的～ 15
sizes of ～的大小 15
subtypes of ～的亚型 15, 18, 19, 128—130
used to inscribe tablets 用于在泥版上做记录的～ 62
Containers holding tokens 装有陶筹的容器 32—33, 37, 75—76
Contenau, G. 孔特诺 160
Contenson, Henri de 孔唐松, 亨利德 15, 164n.1, 165nn.3, 5, 179n.8
Coon, Carleton S. 库恩, 卡尔顿 8, 163n.32, 165n.4
Copeland, Loraine 科普兰, 洛兰 177n.11
Corporal punishment 肉体惩罚 109
Corvée 劳役 108
Counters 算筹
  See Tokens 见陶筹
Counting 计数
absence of tokens expressing abstract numbers 表达抽象数量的陶筹的缺失 116—117
abstract counting 抽象～ 8, 111, 112, 118—120, 124
body counting 身体～ 112
cardinality ～的基数性 115
concrete counting 具象～ 7—8, 112, 117, 124
first numerals 早期的数字 118—120, 118, 119
functions of ～的功能 103
and impressed tablets ～与压印泥版 117—118
Near Eastern archaeological data 近东考古数据 114—122

索　引

and object specificity　～与物品的专一性　116
one, two, many　一，二，许多　111—112
one-to-one correspondence　一一对应　92—93, 96, 98, 112, 115—117
Paleolithic tallies　旧石器时代的计数器　114—115
Sumerian philological evidence for　有关～的苏美尔语文献证据　113—114
ternary numeration systems　三重计数系统　113
tokens used for　～用的陶筹　6, 7, 11—12, 115—117, 124
various modes of　～的不同形式　111—112
and writing　～与文字　1, 117—122, 125
See also Accounting; Tallies　另见记账；计数器
Crawford, Harriet　克劳福，德哈丽雅特　178n.3
Cruikshank Rose, J.　克鲁克香克·罗斯　164n.7, 167n.34
Cuneiform tablets　楔形文字泥版　4, 5, 80, 106
Curtis, John　柯蒂斯，约翰　171n.12
Cylinders　圆柱体
　accounting uses of　用于记账的～　81—83, 102, 123
　as complex tokens　作为复杂陶筹的～　17
　in envelopes　封球中的～　46—49, 49
　markings on envelopes to indicate　封球表面起提示作用的～标记　51
　number of　～的数量　20
　as plain tokens　作为朴素陶筹的～　16
　subtypes of　～的亚型　15, 18, 19, 137—138
　tokens series in　陶筹系列中的～　21
Cylinder seals　滚印　110
　See also Seals　另见印章

d'Alembert, Jean Le Rond　达朗贝尔，让·勒龙　4
Damerow, Peter　达梅罗，彼德　63, 80, 114, 171n.33, 172n.48, 181n.21
Danzig, Tobias　丹齐克，托拜厄斯　180n.4
Davis, Simon　戴维斯，西蒙　177n.8
Defoe, Daniel　迪福，丹尼尔　3, 4, 162n.15
de la Fuye, Allote　德拉菲耶，阿洛　160
Delougaz, P. P.　德卢加兹　166n.29, 168n.4, 169n.19, 170n.6, 172n.37, 180n.30
Dharan　扎兰　42, 43, 46, 48, 123
Dhorme, P.　多尔姆　163n.41, 166n.25
Diakonoff, Igor M.　季亚科诺夫，伊戈尔　112, 114, 180—181n.9
Diderot, Denis　狄德罗，丹尼斯　4
Differential thermal analysis　示差热分析　20, 42
Diringer, David　迪林格，戴维　6, 163n.31
Disks　盘状物
　accounting uses of　用于记账的～　80—83, 102
　as complex tokens　作为复杂陶筹的～　17

in envelopes 封球中的~ 46—49, 49
markings on envelope to indicate 封球表面起提示作用的~标记 51
number of ~的数量 20
perforated disks 打孔的~ 40
as plain tokens 作为朴素陶筹的~ 15—16
sizes of ~的大小 15
subtypes of ~的亚型 15, *18*, *19*, *133—136*
token series in 陶筹系列中的~ *21*
from Uruk 乌鲁克的~ 40
Dittman, Reinhard 迪特曼, 莱恩哈德 169n.24
Doblhofer, Ernst 多布尔霍费尔, 恩斯特 162n.14
Docket 记事表
  definition of ~的定义 183
Dollfus, Geneviève 多尔菲斯, 热纳维耶芙 159
Dumah 杜马赫 43, 46, 48

Ea 埃阿 3
Eanna 埃安那
  envelopes from ~的封球 44
  impressed tablets from ~的压印泥版 57
  and levy of tribute ~与纳贡 110
  monumental architecture in ~的纪念性建筑 34
  number of tokens from ~的陶筹数量 30
  temple bureaucracy in ~的神庙行政管理体制 105, 108
  token clusters in ~的陶筹堆 32
  See also Uruk 另见乌鲁克

Earle, Timothy K. 厄尔, 蒂莫西 178n.2
Economy 经济
  See Redistribution economy 见再分配经济
Edwards, Phillip C. 爱德华兹, 菲利普 177n.16
Edzard, Dietz O. 埃查德, 迪茨 161n.12
Egalitarian societies 平等社会 103
Elam 埃兰 81—82
Electron microscopic analysis of envelopes 封球的电子显微镜分析 42
El-Wailly, Faisal 瓦伊, 费萨尔 167n.34
Emmerkar and the Lord of Aratta 《恩美卡与阿拉塔之王》 2
En 恩 33, 34, 106, 108, *109*, 110, 173
Englund, Robert K. 英格伦, 罗伯特 63, 80, 114, 153, 171n.33, 172n.48, 181n.21
Enki 恩基 2
Envelopes 封球
  as artifacts 作为器物的~ 42
  and bureaucracy ~与行政管理体制 110
  chronology of ~的年代 44, 125
  compared with bullae ~与垂饰的对比 41—42
  composition of ~的成分 42, *43*
  context of ~的背景情况 44—45
  and counting ~与计数 117—118
  definition of ~的定义 183
  differential thermal analysis of ~的示差热分析 42
  disadvantage of, as storage device ~的不足之处, 作为储存设备 7
  electron microscopic analysis of ~的电子显微镜分析 42

索　引

geographic distribution of　~的地理分布　42—43, *44*
from Habuba Kabira　哈布巴卡比拉的~　115, 117
manufacture of　~的制作　42
markings on　~表面的标记　7, 49—54, *50—53*, 58, 117—118
measurement of　~的尺寸　42
number of　~的数量　43
number of tokens in~里面的陶筹数量　46
perforated　打孔的~　52—53
preservation of　~的保存　45—46, 48
relationship with impressed tablets　~与压印泥版的关系　84—85
seals on　~表面的印记　49—50, *50*, 84
from Susa　苏萨的~　95, 115
tokens enclosed in　封存在~中的陶筹　46—49, *49*
from Uruk　乌鲁克的~　115, 117
x-rays of　~的X光　46—48
Ericson, Jonathon E.　埃里克森，乔纳森　178n.2

Falkenstein, Adam　法尔肯施泰因，亚当　5, 63, 80, 84, 159, 170n.7
Farber, Gertrude　法伯，格特鲁德　161n.8
Farukhabad　法鲁哈巴德　42—45, 47
Fiandra, Enrica　菲安德拉，恩里卡　110, 180n.27
Finet, André　菲内，安德烈　166n.29, 180n.30
Flegg, Graham　弗莱格，雷格厄姆　180n.4

Food pictographs　食物象形文字　*73*
See also Agriculture; Grain measurement　另见农业；谷物的度量单位
Frankfort, Henri　法兰克福，亨利　170n.8
Friberg, Jöran　弗里贝里，约兰　63, 80, 81, 114, 119, 171n.35, 176nn.166, 177, 181nn.22, 28, 182n.29
Fried, Morton H.　弗里德，莫顿　104, 179n.14
Fruit tokens　水果陶筹　16, *157*
Fry, Edmund　弗赖伊，埃德蒙　3
Funerary offerings　陪葬品　34—37, *35*, 90, 104
Furniture tokens　家具陶筹　16　　　188

Ganj Dareh　詹杰达雷赫　24, 29, 102
Ganj Dareh Tepe　詹杰达雷赫　20, 24, 30, 32, 33, 68
Gasche, Hermann　加舍，赫尔曼　160
Gautier, J.-E.　戈蒂埃　160
Gaz Tavila　贾兹塔维拉　30, 32
Gelb, Ignace J.　格尔布，伊尼亚斯　4, 161n.3, 178n.29, 182n.32
Genouillac, Henri de　热努亚，亨利德　166n.29
Ghirshman, Roman　吉施曼，罗曼　170n.4
Godin Tepe　朱丁　55—58, *58*, 60, 62, 120, *120*
Goody, Jack　古迪，杰克　112, 178n.4, 181n.10
Goren, N.　戈伦　177n.13
Grain measurement　谷物的度量单位　80—81, 93—95, *95*, 102, 117—120
See also Agriculture 另见农业
Green, M. W.,　格林　63, 80, 161, 175n.146, 176n.186

Grieder, Terence 格里德，特伦斯 82, 176n.175

Habuba Kabira 哈布巴卡比拉
　bullae from ～的垂饰 40—42
　complex tokens from ～的复杂陶筹 35, 71, 110
　envelopes from ～的封球 42—45, 47, 50, 52, *53*, 103, 115, 117
　impressed tablets from ～的压印泥版 55, 57, 65, 67
　industry in ～的工业 103
　perforated tokens from ～的打孔陶筹 39
　structures containing tokens ～存放陶筹的建筑 32
　token clusters from ～的陶筹堆 *32*
　type of settlement ～的聚居区的类型 29
Hajji Firuz 哈杰吉菲鲁兹 30, 34, 35
Hakemi, Ali 哈卡米，阿里 168n.12
Hall, H. R. 霍尔 165n.10
Hamblin, Dora Jane 汉布林，多拉·简 162n.28
Hassuna 哈逊纳 20, 24, 25
Haussoulier, B. 哈苏利耶 160
Hayonim 哈尤尼姆 90, 91
Hemispheres 半球体 15
Henry, Donald O. 亨利，唐纳德 177n.15
Hockett, C. F. 霍基特 178n.31
Hole, Frank 霍尔，弗兰克 165nn.4, 10
Hooke, S. H. 胡克 161n.11
Hours, Francis 乌尔，弗朗西斯 177n.11
Howe, Bruce 豪，布鲁斯 165n.2, 178n.26
Human tokens 人形陶筹 16, *157*
Hunting and gathering 狩猎与采集 101

Hyperboloids 双曲面体 16, *157*

Ifrah, Georges 伊弗拉，乔治 180n.5
Impressed signs 压印符号 118—120, 124
Impressed tablets 压印泥版
　chronology of ～的年代 57—58, 125
　context of ～的背景情况 57
　and counting 与计数 117—118
　definition of ～的定义 183
　description of ～的描述 58
　evolution from tokens to signs 由陶筹演变而来的～表面的符号 63—67
　in evolution of writing 文字演变过程中的～ 84—85
　geographic distribution of ～的地理分布 *56*
　from Godin Tepe 朱丁的～ *120*
　impressed signs on ～表面的压印符号 80—83
　layout of signs on ～表面的符号布局 61—62
　meaning of signs on ～表面的符号的含义 80—84
　number of ～的数量 55
　numerals on ～表面的数字 83—84
　and pictography ～与象形文字 57—58
　relationship with envelopes ～与封球的关系 84—85
　relationship with pictography ～与象形文字的关系 68—79
　seals on ～表面的印记 84
　signs on ～表面的符号 50, 55, 58—67, *58*—*62*
　technique of impression ～的压印技

索　引

术 62
　from Uruk　乌鲁克的～　118, *118*
Inanna　伊南那　2—3, 44, 105, 106
Incas　印加人　104
Incised signs　刻画符号　68, 71, 83
Incised tablets　刻画泥版　71, *72*, 120, *120*, 183
Industry　工业
　and tokens　～与陶筹　102—103, 123
Innis, Harold A.　英尼斯，哈罗德　89, 176n.1
Iran sites　伊朗境内的遗址　26—27
　See also specific sites　另见具体遗址
Iraq sites　伊拉克境内的遗址　26—27
　See also specific sites　另见具体遗址

Jackson, Donald　杰克逊，唐纳德　161n.5
Jacobsen, Thorkild　雅各布森，托基尔　163n.34
Jarmo　贾尔穆　20, 24, 25, 29
Jasim, Sabah Aboud　贾西姆，萨巴赫·阿布德　164n.4, 166n.19
Jebel Aruda　杰贝勒阿鲁达　55, 57
Jeitun　杰通　31
Jemdet Nasr　捷姆迭特·那色　24
Jéquier, G.　热基耶　160
Jiita　吉伊塔　90, 91, 92
Jordan, Julius　乔丹，朱利叶斯　8, 160

Kantor, Helene J.　坎特，海伦妮　166n.29, 168n.4, 169n.19, 170n.6, 172n.37, 180n.30
Kebara　凯巴拉　90, 91
Khafaje　海法杰　55, *106*
Kingery, W. David　金奇里，戴维　168n.9
Komoróczy, Géza　科莫罗奇，盖佐

161n.6
Kramer, Edna E.　克雷默，埃德娜　180n.4
Kramer, Samuel Noah　克雷默，塞缪尔·诺厄　2, 161nn.6, 9
Ksar Akil　卡萨尔阿基尔　90, 91, *91*, 92

Labat, René　拉巴，勒内　79, 175n.160
Lacheman, Ernest R.　拉舍曼，埃内斯特　163n.36
Lamberg-Karlovsky, C. C.　兰贝格-卡尔洛夫斯基　169nn.20, 29
Lambert, Maurice　郎贝尔，莫里斯　11, 164n.48
Land measurement　土地的度量单位　81
Langdon, S.　兰登　80, 160　　　　　189
Langer, Suzanne K.　朗格尔，苏珊娜　176n.2
Le Breton, Louis　勒布雷顿，路易斯　166—167n.30
Le Brun, Alain　勒布龙，阿兰　117, 159, 160
Legrain, Leon　勒格兰，莱昂　160
Lenzen, Heinrich J.　伦岑，海因里希　161
Leroi-Gourhan, André　勒鲁瓦-古朗，安德烈　5—6, 91, 162n.25, 177n.20
Levine, Louis D.　莱文，路易斯　165n.11
Lévi-Strauss, Claude　莱维-斯特劳斯，克洛德　29, 55, 123
Lieberman, Stephen J.　利伯曼，斯蒂芬　117, 181n.26
Limestone Temple　石灰石神庙　31, 108
Linear markings　线性标记　16—17
　See also Tallies　另见计数器
Lloyd, Seton　劳埃德，西顿　6, 162n.30,

164n.5
LoDagaa 洛达加阿人 112
Lunar calendar 阴历 91—92, 101, 114

Mackay, Ernest 麦凯，欧内斯特 164n.6
Maeda, Tohru 梅达，托鲁 179n.23
Mallet, Abbé Etienne 马莱，阿贝·艾蒂安 162n.19
Mallowan, M. E. L., 马洛温 24, 164n.7, 167n.34
Manufacture 制作
　of envelopes 封球的~ 42
　of tokens 陶筹的~ 15, 17, 20
Marduk 马尔都克 3
Mari 马瑞 53
Markings 标记
　on bullae 垂饰表面的~ 42
　on complex tokens 复杂陶筹表面的~ 16—17
　and counting ~与计数 117—118
　definition of ~的定义 50, 183
　on envelopes 封球表面的~ 49—54, 50—53, 58
　on envelopes, compared with impressed tablets 封球表面的~，与压印泥版的对比 84—85
　and manufacture of tokens ~与陶筹的制作 17
　on plain tokens 朴素陶筹表面的~ 16
　types of ~的类型 16—17
Marshack, Alexander 马沙克，亚历山大 91, 92, 101, 114, 178n.5, 178n.22, 181n.23
Mason, William A. 梅森，威廉 4—5, 162n.22
Matarrah 马塔拉 20
Mathematics 数学

　and tokens ~与陶筹 124
　See also Counting 另见计数
McLuhan, Marshall 麦克卢汉，马歇尔 92, 178n.24
Mecquenem, Roland de 梅克南，罗兰德 31, 39, 45, 160, 167—168n.1
Meillassoux, Claude 梅拉苏，克洛德 179n.12
Mellaart, James 梅拉特，詹姆斯 179n.9
Menninger, Karl 门宁格，卡尔 180n.6
Mercer, Samuel A. B. 默瑟，塞缪尔 162n.29
Mesolithic symbols 中石器时代的象征 90—93
Miller, Naomi 米勒，娜奥米 165n.6
Miscellaneous pictographs 其他象形文字 77—78
Miscellaneous shapes 其他形状
　number of ~的数量 20
　subtypes of ~的亚型 15, 18, 19, 157
Monopoly of force 武力垄断 108, 109
Monumental architecture 纪念性建筑 108
Morgan, Jacques de 摩根，雅克德 9, 160
Mortensen, Peder 莫滕森，佩德 167n.35
Muheisen, Mujahed 穆赫森，穆贾海德 177n.14
Mureybet 穆赖拜特 33, 102, 104
Myths representing origin of writing 描绘文字起源的神话 2—4

Nabu 那布 3
Near East 近东
　definition of ~的定义 183
　See also specific sites 另见具体遗址

索 引

Negev 内盖夫 91
Neolithic symbols 新石器时代的象征 93—96
Nineveh 尼尼微 55, 57
Nissen, Hans J. 尼森，汉斯 63, 80, 114, 161, 167n.31, 171n.33, 179n.11, 181n.21
Notched markings 切口标记 16
Numbers 数量
   definition of ～的定义 111
   See also Counting 另见计数
Number words 数词 111—112, 114
Numerals 数字
   arabic 阿拉伯～ 120
   creation of ～的发明 98
   definition of ～的定义 111, 118
   first 早期的～ 118—120, *118, 119*
   on impressed tablets 压印泥版表面的～ 83—84
   origin of ～的起源 124
   See also Counting 另见计数
Nuzi 努孜 9—11, *10*

Oannes 奥安尼斯 3
Oates, Joan 奥茨，琼 166n.19
Obsidian 黑曜石 101, 102
Ocher 赭土 90
One-to-one correspondence in counting 计数中的一一对应 92—93, 96, 98, 112, 115—117
Ong, Walter, J. 翁，沃尔特 92, 178n.23
Oppenheim, A. Leo 奥本海姆，利奥 9—11, 163n.35
Ovals 椭圆体 15, 16, *18, 19*, 20, *150*
Ovoids 卵形体
   and accounting ～与记账 115, 116, 117

   as complex tokens 作为复杂陶筹的～ 16, 17
   in envelopes 封球中的～ 46—49, *49*
   markings on envelopes to indicate 封球表面起提示作用的～标记 51
   as plain tokens 作为朴素陶筹的～ 16
   subtypes of ～的亚型 15, *18, 19, 141—142*
   token series in 陶筹系列中的～ *21*
   from Uruk 乌鲁克的～ 71, 79 190

Painted tokens 绘制的陶筹 16
Paleolithic symbols 旧石器时代的象征 90—93
Paleolithic tallies 旧石器时代的计数器 114—115
Palestine sites 巴勒斯坦境内的遗址 26—27
   See also specific sites 另见具体遗址
Paraboloids 抛物体
   as complex tokens 作为复杂陶筹的～ 16
   in envelopes 封球中的～ 46—49, *49*
   markings on ～表面的标记 16—17
   markings on envelopes to indicate 封球表面起提示作用的～标记 51
   number of ～的数量 20
   subtypes of ～的亚型 15, *18, 19, 148*
   token series in 陶筹系列中的～ *23*
   at Ubaid 欧贝德的～ 25
Parrot, André 帕罗，安德烈 171n.13
Perforated envelopes 打孔的封球 52—53
Perforated tokens 打孔的陶筹 39, *40, 41*
Perrot, Jean 佩罗特，琼 177n.14

Pettinato, S. A. 佩蒂纳托 163n.41
Peyrony, Denis 佩罗尼,丹尼斯 178n.21
Pézard, G., 佩扎尔 160
Pézard M., 佩扎尔 160
Pfannenstiel 锅柄 31
Pfister, R. 普菲斯特 160
Phillips, Mona Spangler 菲利普斯,莫纳·斯潘格勒 170n.47
Phonetic writing 表音文字 120—122
Picchioni, S. A. 皮基奥尼 163n.41
Pictographic tablets 象形文字泥版
    definition of ~的定义 183—184
Pictographic theory of writing 象形文字理论 4—7
Pictographs 象形文字
    and counting ~与计数 124
    definition of ~的定义 118
    earliest evidence of ~最早的证据 57
    and impressed tablets ~与压印泥版 57—58, 68—79
    meaning of signs and corresponding tokens 符号的含义与相应的陶筹 80—84
    and numerals ~与数字 120—122
    tokens as prototypes of 作为~原型的陶筹 71—79, 96—99
Pinched markings 挤捏的标记 16
Plain tokens 朴素陶筹
    and accounting ~与记账 123
    and agriculture ~与农业 102, 103, 123
    chronology of ~的年代 124
    definition of ~的定义 184
    in envelope 封球中的~ 49
    in evolution of tokens 陶筹演变过程中的~ 15—16, 17
    manufacture of ~的制作 17
    markings on ~表面的标记 16
    from Seh gabi 塞赫贾比的~ *16*
    and social structure ~与社会结构 123
    strung with complex tokens 与复杂陶筹串在一起的~ 17
    type of settlement associated with 与~相关的聚居区的类型 29
    uses of ~的使用 36—37
Plaster tokens 石膏筹 17
Political structure 政治体制
    See Social organization 见社会组织结构
Pottier, E. 鲍狄埃 160
Powell, Marvin A. Jr. 小鲍威尔,马文 114, 161n.2, 176n.170, 180n.28, 181n.12
Preservation of envelopes 封球的保存 45—46
Prickett, Martha 普里克特,玛莎 166n.15
Protsch, Rainer 普罗奇,赖纳 166n.28
Punctated markings 打点的标记 16, 17, *20*

Qafzeh 加夫泽赫 90
Quadrangles 长方体 16, 17, *21—22*, *143—144*

Rank societies 等级社会 103—107
Reade, Julian 里德,朱利安 170n.9
Reckoning technology 记账技术
    and economy ~与经济 101—103
    and social organization ~与社会组织结构 103—110
Rectangles 长方体 15, *18*, *19*, 20, 46—49, *49*
Redding, Richard 雷丁,理查德 165n.6
Redistribution economy 再分配经济

索　引

101—103, 105—107, 123
Redman, Charles, L.　雷德曼，查尔斯　104, 178n.28, 179n.16
Reed, Charles, A.　里德，查尔斯　165n.2, 166n.28, 178n.26
Reimer, Stephen　赖默，斯蒂芬　168n.15
Reshid, F.　雷希德　163n.41
Rhomboids 菱形体 16, 23, 150
Rosengarten, Yvonne　罗森加滕，伊冯娜　165n.9, 179n.22
Roux, Georges　鲁，乔治　162n.24
Russel, Bertrand　罗素，伯特兰　111, 180n.3

Safar, Fuad　萨法尔，福阿德　164n.5
Sahuri, Shucri　萨胡里，舒克里　168n.16
Sampson, Geoffrey　桑普森，杰弗里　161n.4
Saudi Arabia　沙特阿拉伯
　See specific sites　见具体遗址
Scanning electron microscopy　扫描电子显微镜　20
Scheil, Vincent　沙伊尔，文森特　160
Schmandt-Besserat, Denise　施曼特-贝瑟拉，丹尼斯　159, 164nn.49—50, 168nn.12, 14, 171n.15, 172n.39, 175n.159, 178n.27
Schmidt, Jürgen　施密特，于尔根　161
Seals　印章、印记①
　and associated assemblages（印章）与相关器物　33, 34
　on bullae 垂饰表面的（印记）42
　and bureaucracy（印章）与行政管理体制　110
　cylinder seals　滚印　110
　and economy of redistribution（印章）与再分配经济　106
　on envelopes　封球表面的（印记）49—50, 50, 84
　on impressed tablets　压印泥版表面的（印记）58, 84
　stamp seals　平面（印章）110
Seh Gabi　塞赫贾比　16, 30, 31
Service/work pictographs　表示服务/工作的象形文字　77
Settlement types　聚居区的类型　29
Shackley, M.　沙克利　178n.32
Shahdad　沙赫达德　42, 43
Shanidar　沙尼达尔　90
Sharafabad　沙拉法巴德　29—30　191
Sialk　西阿勒克　55, 57, 58
Signs as subcategory of symbols　作为象征子类的符号　89
Signs on tablets　泥版表面的符号
　compared with markings on envelopes ~ 与封球表面的标记的对比　84—85
　definition of　~的定义　50, 58, 184
　evolution of tokens to　由陶筹演化而来的 ~　63—67
　function of　~的功能　55
　impressed　泥版表面的压印符号　68, 69—70, 80—83, 118—120, 124
　incised　泥版表面的刻画符号　68, 71, 83
　layout of　~的布局　61—62

---

① seal 既可以指实物"印章"，也可以指印章印出来的图案"印记"。英文一个词含有两个意思，中文根据不同的上下文译成了两个词，指实物时译成"印章"，指图案时译成"印记"。——译者

meaning of ~的含义 80—84
numerals 泥版表面的数字符号 83—84
technique of impression ~的压印技术 62
tokens as prototypes of impressed signs 作为压印符号原型的陶筹 50, 68, 69—70
types identified 已确定的~的类型 58, 60—61
Sigrist, Marcel 西格里斯特，马塞尔 10, 32—33, 163n.41, 166n.25
Smith, Cyril S. 史密斯，西里尔 15, 164n.2, 178n.30
Smith, David E. 史密斯，戴维 120, 180n.4, 182n.31
Smith, Philip E. L. 史密斯，菲利普 165n.2, 166n.16, 179n.7
Social organization 社会组织结构
　art evidence for ~的艺术证据 106—107, *106*, *107*
　egalitarian societies 平等社会 103
　and funerary offerings ~与陪葬品 104
　in Jemdet Nasr period 捷姆迭特·那色时期的~ 105
　at Mureybet 穆赖拜特的~ 104
　rank societies 等级社会 103—107
　and redistribution economy ~与再分配经济 105—107
　textual evidence for ~的文献证据 104—106
　in third millennium B.C. 公元前3千纪的~ 105
　and tokens ~与陶筹 103—110, 123—124
　in Uruk period 乌鲁克时期的~ 105—106
Solecki, Ralph S. 索莱茨基，拉尔夫 177n.6
Solecki, Rose L. 索莱茨基，罗丝 177n.16
Soutzo, M.-C. 苏特佐 160
Spheres 球体
　accounting uses of 记账用的~ 80—81, 102
　as complex tokens 作为复杂陶筹的~ 17
　in envelopes 封球中的~ 46—49, *49*
　as funerary offerings 作为陪葬品的~ 36
　at Hassuna 哈逊纳的~ 25
　hemispheres and three-quarter spheres 半球体与四分之三球体 15
　markings on envelopes to indicate 封球表面起提示作用的~标记 51
　number of ~的数量 20
　as plain tokens 作为朴素陶筹的~ 15
　sizes of ~的大小 15
　subtypes of ~的亚型 15, *18*, *19*, 131—132
Stamp seals 平面印章 110
　See also Seals 另见印章、印记
Starr, Richard F. S. 斯塔尔，理查德 163n.36
State 城邦
　and tokens ~与陶筹 107—110
Steve, M. J. 史蒂夫 160
Stone Cone Temple 石锥神庙 30, 31, 44—45, 108
Stone tokens 石筹 17
Storage of tokens 陶筹的存储
　See Envelopes 见封球
Strings of tokens 陶筹串 39—42, *41*

Strommenger, Eva 施特龙蒙格，埃娃 166n.30, 168nn.5, 8, 169n.21, 170–171n.10, 174n.117

Structures containing tokens 存放陶筹的建筑 30–32, 37

Sürenhagen, Dietrich 叙伦哈根，迪特里希 168n.14, 169n.21, 170n.10, 179n.10

Susa 苏萨
　animal counts in ～的动物的计算方法 82
　bullae from ～的垂饰 39–42, *41*, 168n.6
　complex tokens from ～的复杂陶筹 20, 33, 110
　distribution of tokens in ～的陶筹分布 30
　envelopes from ～的封球 42–48, 50–*52*, 50–54, 84, 95, 115
　impressed tablets from ～的压印泥版 55, 57, *59–61*, 62, 63, 66, 84
　incised signs from ～的刻画符号 71
　number of tokens from ～的陶筹数量 20, 25
　perforated tokens from ～的打孔陶筹 39, 168n.6
　structures containing tokens ～存放陶筹的建筑 31–32
　tokens from ～的陶筹 11–12
　tokens with punctated markings from ～带有点状标记的陶筹 20
　type of settlement ～聚居区的类型 29

Symbols 象征
　definition of ～的定义 89
　ephemeral nature of ～的短暂特性 90
　lower and middle Paleolithic 旧石器时代早期和中期的～ 90

Neolithic 新石器时代的～ 93–96
token system as 用作～的陶筹系统 93–96
upper Paleolithic and Mesolithic 旧石器时代晚期和中石器时代的～ 90–93, *91*
uses of ～的使用 89–90, 121–122

Syria sites 叙利亚境内的遗址 *26–27*
　See also specific sites 另见具体遗址

Szarzynska, Krystyna 沙尔金斯卡，克里斯蒂娜 80, 175n.147

Tablets 泥版
　See Impressed tablets; Incised tablets; Pictographic tablets 见压印泥版；刻画泥版；象形文字泥版

Tallies 计数器 91–93, 101, 114–115
　See also Counting 另见记账

Tall-i-Ghazir 塔利加齐尔 55, 57
Taxation 税收 108–110
Tell Abada 阿巴达 24, 30–32, *32*
Tell Aswad 阿斯瓦德 15, 20, 29, 33, 102
Tell Brak 卜拉克 42, 55
Tell es-Sawwan 索万 30, 35, 36, 104
Tell Hassuna 哈逊纳 20, 24
Tell Kannas 坎纳斯 33
Tell Mureybet 穆赖拜特 29
Tello 铁罗 33, 105
Tell Oueili 奥埃伊利 24
Tell Qraya 格拉亚 42
Tell Ramad 拉马德 20
Tell Sheikh Hassan 谢赫哈桑 43
Tell Songor 松朱尔 20
Temple bureaucracy 神庙的行政管理体制 105–110, *106*, *107*

Temples 神庙 192 *See names of specific temples* 见具体神庙名

Tepe Asiab 阿西阿卜 29, 33, 68, 102

Tepe Gawra 乔拉 20, 25, 34—36, *35*, 104

Tepe Guran 朱兰 34

Tepe Sialk 西阿勒克 55, 57, 58

Tepe Yahya 亚赫亚 42—46, 50, 52, *53*

Ternary numeration systems 三重计数系统 113

Tetrahedrons 四面体

  as complex tokens 作为复杂陶筹的~ 17

  and counting ~与计数 115

  in envelopes 封球中的~ 46—49, *49*

  meaning of ~的含义 79

  number of ~的数量 20

  as plain tokens 作为朴素陶筹的~ 16

  sizes of ~的大小 15

  subtypes of ~的亚型 15, *18*, *19*, *139—140*

Textile pictograhs 纺织品象形文字 *73—75*

Thamus, King 塞穆斯, 金 3

Three-quarter spheres 四分之三球体 15, 36

Thureau-Dangin, François 蒂罗-丹然, 弗朗索瓦 175n.164, 181n.13, 182n.30

Tixier, Jacques 蒂克西尔, 雅克 177n.12

Tobler, Arthur J. 托布勒, 阿瑟 164n.9, 167n.34, 179n.19

Token cluster 陶筹堆 32

Tokens 陶筹

  absence of tokens expressing abstract numbers 表达抽象数量的~的缺失 116—117

  actual number of ~的真实数量 25

  Amiet on 阿米耶关于~的观点 11—12

  as antecedent of writing 作为文字前身的~ 6—12, 97—98, 124—125

  archaeologists' study of 考古学家对~的研究 9

  associated assemblages 相关器物 33—34

  associated with different types of settlements 与聚居区的不同类型相关的~ 29

  and cardinality ~与基数性 115

  clusters of ~堆 32

  and communication ~与信息交流 124—125

  containers holding 盛放~的容器 32—33, 37

  and counting ~与计数 6, 7, 11—12, 115—117, 124

  definition of ~的定义 184

  dimension of ~的尺寸 15

  disposal of ~的处置方式 37

  distribution within settlements 聚居区内~的分布 29—30

  drawbacks of ~的不足之处 98

  and economy ~与经济 123

  in eighth millennium B.C. 公元前8千纪的~ 33

  emergence of writing from 由~演变而来的文字的出现 1, 6—12, 97—98

  enclosed in envelopes 封存在封球中的~ 46—49, *49*

索 引

evolution of ~的演变 15—17, 63—67
and farming ~与农耕 102
in fourth millennium B.C. 公元前4千纪的~ 33
as funerary offerings 作为陪葬品的~ 34—37, 35, 104
geographic distribution of ~的地理分布 26—27
and industry ~与工业 102—103
as information medium 作为信息媒介的~ 93—96
in Jemdet Nasr period 捷姆迭特·那色时期的~ 105
lack of documentation on 缺少~方面的文献 24
as link between counting and writing 作为计量与文字之间的纽带的~ 125
manufacture of ~的制作 15, 17, 20
markings on ~表面的标记 17
materials used for 用于制作~的材质 17
and mathematics ~与数学 124
meaning of impressed signs and corresponding tokens 压印符号的含义与相应的~ 80—84
number of, from site to site 各个遗址的~的数量 20
number of, per site 每个遗址的~的数量 20, 25
number of, per type 每种类型的~的数量 20
number reported 有记录的~的数量 24—25
and object specificity ~与物品的专一性 116

and official economy ~与官方经济 101—103
and one-to-one correspondence ~与——对应 115—116
Oppenheim on 奥本海姆关于~的观点 9—11
origin of ~的起源 7
origin of term ~的名称的由来 8
perforated 打孔的~ 39, 40, 41
as prototypes of impressed/incised signs 作为压印/刻画符号原型的~ 68, 69—70, 71
as prototypes of pictographs 作为象形文字原型的~ 71—79, 96—99
and redistribution economy ~与再分配经济 105—107
significance of ~的意义 123—125
and social organization ~与社会组织结构 103—110, 123—124
and the state ~与城邦 107—110
storage of ~的存储 7
strings of ~串 39—42, 41
structures containing 存放~的建筑 30—32, 37
studies on 关于~的研究 8—12
substitution of signs for 符号取代~ 7
as symbols 作为象征的~ 93—96
and taxation ~与税收 108—110
and temple bureaucracy ~与神庙行政管理体制 105—110
in third millennim B.C. 公元前3千纪的~ 105
as turning point in communication and data storage 作为信息交流和数据存储的转折点的~ 96—99
types and subtypes of ~的类型和亚型 15, 18—19, 128—157

in Uruk period 乌鲁克时期的~ 105—106

See also Complex tokens; Envelopes; Plain tokens; *specific types of tokens* 另见复杂陶筹；封球；朴素陶筹；*陶筹的具体类型*

Token series 陶筹系列 21—23

Tonelli, Silvestri L. 托内利，西尔韦斯特里 176n.186

Tool tokens 工具形陶筹 15—17, *18, 19*, 20, *154*

Töpperwein, E. 特佩尔魏因 168n.14, 170n.10

Toscanne, Paul 托斯坎奈，保罗 160

Triangles 三角体
  as complex tokens 作为复杂陶筹的~ 16, 17
  in envelopes 封球中的~ 46—49, *49*
  markings on ~表面的标记 16—17
  number of ~的数量 20
  as plain tokens 作为朴素陶筹的~ 16
  subtypes of ~的亚型 15, *18, 19*, 145—146
  token series in 陶筹系列中的~ *22*

Trouwborst, Albert A. 特劳夫博斯特，阿尔贝特 179n.24

Tula'i 图拉伊 29

Turkey sites 土耳其境内的遗址 26—27
  See also *specific sites* 另见*具体遗址*

Ubaid 欧贝德 20, 25

Unvala, J.-M. 昂瓦拉 160

Uruk 乌鲁克
  animal counts in ~的动物的计算方法 81—82
  archaic tablets of ~的古朴泥版 30
  complex tokens from ~的复杂陶筹 33, 71, 79
  disks from ~的盘状物 *40*
  distribution of tokens at ~的陶筹分布 30
  envelopes from ~的封球 42—45, *43*, 47, 48, 84, 115, 117
  impressed tablets from ~的压印泥版 55, 57, 58, *59*, 84, 118, *118*
  industry in ~的工业 102—103, 103
  leadership of ~的领导地位 108, *109*
  number of tokens at ~的陶筹数量 20, 25
  number signs from ~的数字符号 114
  numerals from ~的数字 118—119, *118*
  perforated tokens from ~的打孔陶筹 39
  pictographs from ~的象形文字 57, *72, 74*
  social organization in ~的社会组织结构 105—108, *107*, 110
  structures containing tokens ~存放陶筹的建筑 31, *31*
  token clusters from ~的陶筹堆 32
  tokens from ~的陶筹 18—19, *31*
  type of settlement ~的聚居区的类型 29
  writing system discovered at ~发现的文字系统 5, 6
  See also Eanna 另见埃安那

Vaiman, A. A. 魏曼 63, 80, 114, 172n.

36, 176n.186, 181n.20
Valeri, V. 瓦莱里 176n.186
Vallat, François R. 瓦拉, 弗朗索瓦 117, 159
Vandermeersch, B. 范德默施 177n.5
Van Driel, G. 范德里尔 171n.11, 171n.20, 181—182n.28
Van Driel-Murray C. 范德里尔-默里 171n.20
Van Roggen, D.-L. Gratt 范罗根, 格拉特 160
V.-David, Madeleine 戴维, 马德琳 162n.16
Vessel tokens 容器形陶筹
　as complex tokens 作为复杂陶筹的~ 16, 17
　as funerary offerings 作为陪葬品的~ 36
　manufacture of ~的制作 17
　number of ~的数量 20
　as plain tokens 作为朴素陶筹的~ 16
　subtypes of ~的亚型 15, *18*, *19*, *151—153*
　token series in 陶筹系列中的~ *23*
Voigt, Mary M. 沃伊特, 玛丽 166n.14

Wahida, Ghanim 瓦希德, 盖尼姆 166n.13
Warburton, William 沃伯顿, 威廉 4, 7, 162n.18
Weddas 维达人 112
Weights and measures 度量衡 110
Weiss, Harvey 韦斯, 哈韦 170n.3
Weitemeyer, Mogens 魏特迈尔, 莫恩斯 175n.161
Whitcomb, Donald S. 惠特科姆, 唐纳德 170n.5
White, Leslie A. 怀特, 莱斯利 111, 180n.1
White Temple 白色神庙 57
Wilder, Raymond L. 怀尔德, 雷蒙德 101, 178n.1, 180n.2
Wilkins, John 威尔金斯, 约翰 4, 162n.17
Wright, Gary A. 加里, 赖特 178n.2
Wright, Henry T. 赖特, 亨利 30, 165n.6, 168n.12
Writing 文字
　and counting ~与计数 1, 117—122, 125
　first numerals 早期的数字 118—119, *118*, *119*
　importance of ~的重要性 1
　impressed markings on envelopes and tablets 封球和泥版表面的压印标记 117—118
　impressed tablets in evolution of ~演变过程中的压印泥版 84—85
　invention of ~的发明 1
　myths on origin of 关于~起源的神话 2—4
　phonetic 表音~ 120—122
　pictographic theory of 象形~理论 4—7, 120—122
　tokens as antecedent of 作为~前身的陶筹 6—12, 97—98, 124—125

X-rays of envelopes 封球的X光 46, 48

Young, T. Cuyler, Jr. 扬, 凯勒, 小 165n.11, 170n.3

Zero 零 118

图书在版编目(CIP)数据

文字起源/(美)丹尼丝·施曼特-贝瑟拉著;王乐洋译.—北京:商务印书馆,2021(2023.3 重印)
(汉译世界学术名著丛书)
ISBN 978-7-100-19854-7

Ⅰ.①文… Ⅱ.①丹…②王… Ⅲ.①文字—起源—研究 Ⅳ.①H02

中国版本图书馆 CIP 数据核字(2021)第 069556 号

权利保留,侵权必究。

汉译世界学术名著丛书
文字起源
〔美〕丹尼丝·施曼特-贝瑟拉 著
王乐洋 译

商 务 印 书 馆 出 版
(北京王府井大街 36 号 邮政编码 100710)
商 务 印 书 馆 发 行
北京艺辉伊航图文有限公司印刷
ISBN 978-7-100-19854-7

2021 年 6 月第 1 版 开本 850×1168 1/32
2023 年 3 月北京第 4 次印刷 印张 8½
定价:45.00 元